UP選書

都市と人間

柴田徳衛

東京大学出版会

目次

序章　都市の急激な変化

急激な都市化と市民生活

長い日本の歴史からみれば、ごく一瞬といいたい戦後のわずか四〇年ほどの間に、すさまじい都市化が進んだ。戦前あるいは終戦時と最近を比較すると、都市（市部）と農村（郡部）との人口の比重がまったく逆転し、いまや日本全国の四分の三以上の人々が都市部に住むようになった。特にまた、その都市人口の三分の二ほどが、東京から大阪にかけての東海道沿いの大都市圏に集まり住むに至っている。

これらの原動力をなした経済活動が、世界各国の中で群を抜いて活発となり、高度成長をとげたこと、また、それが特に前記大都市圏内外に集中的に渦まいていることはいうまでもあるまい。

こうした都市を中心とするめざましい生産活動の結果、かつての繊維、雑貨、造船あたりから、いまや自動車、鉄鋼、カメラ、ビデオ、時計、電子卓上計算機等々が、世界各国のすみずみにまで輸出され、大きな強味を発揮するに至っている。世界各国もこれに目をみはり、日本にたいする関心が、ここ数年で一変するに至っている。世界で最も賑やかな中心と考えられてきたニューヨーク市マンハッタンのタイムズ・スクエアに立っても、日本商品の広告が圧倒している。

これほど目覚ましく経済活動は発展したが、さてその都市に住む市民の日常生活はどうだろうか。たしかに終戦直後のように、栄養失調で飢え死にする心配とか、雨露をしのぐ家さえないといった心配は、一般になくなった。悲惨な当時と比較すれば、大変な発展である。また一頃のように、工場から排出されるひどい亜硫酸ガスや水銀で重い公害病にかかり、大勢の市民が直接大きな被害を受けるような事態は少なくなったといえよう。幸い都市における失業や犯罪の率も、世界からみて低いといわれる。もちろん災害・事故はあるにせよ、たしかに都市で大勢の市民が生存することは出来ている。

だが、人間としての毎日の都市における生活はどうだろうか。むしろ経済が発展するほど、窮屈となり、困難が増すようである。いま中・大都市に住む多くの市民は、勤め先から遠く離れた、狭く、値段だけすさまじく高いウサギ小屋式小住宅から、早朝飛び出し、田舎道を駅までバスか自転車で急ぎ、超満員電車に一時間も一時間半もゆられるか、交通渋滞のなかをイライラしながらマイカーで出勤し……住宅ローンの返済に喘ぎながら、まだ若いうちに定年を迎える……という形になっているのではないか。ひどい工場公害で、大勢の市民がバタバタ倒れることは少なくなったかもしれないが、狭小過密住宅で、自動車の騒音・振動や近隣騒音に慢性的にイライラし、悪臭に悩む事態がひろがっている。自然はたしかに値札のついた商品ではない。しかし、それだけ一般商品より貴重な、生命や生活を支えるものである。それが日本の都市の内外では、次々と破壊され、海や河川が汚れ、美しい景観が失われていく。

後進国的性格

戦後、いや明治以来今までは、市民によい住宅、よい公園、よい美術館を……といっても、とかく

ニューヨーク市マンハッタンの中心タイムズ・スクエアにて．
日本商品の広告が氾濫している．

「日本の国はまだ貧しいから」「早く欧米に追いつかなければならないから」……「ともかく今日が大変だから、それは明日にしよう」といわれ続けてきたようだ。また学問・研究や政策も、欧米先進国の専門化された成果をひたすら学び(真似をし)、それに追いつくことに懸命に努めてきた。その努力のおかげで、たしかに輝かしい成果をあげてきた。

その結果、最近、一昔前では考えられない事態が海外先進諸国に起こっている。ヨーロッパにおける交通の中心アムステルダム空港に着陸したら、滑走路横に最初に大きく見えた広告が日本のカメラで、日本製品があたりを制圧しているようだった。ロンドンの空港に着き、空港の建物で入国手続きをする前に最初に目に入った大広告がやはり当地に進出した日本の百貨店である。ニューヨークの中心でも写真で示したように、日本の電気製品や自動車の広告が圧倒していた。経済力は相当のところまで来た。

しかし先進国に追いつくことと、それを追いぬくことは大きく違う。名画をうまく模写できる人はいよう、名画の剝げたところをうまく修復できる人もいよう。しかしその人自身が独自の名画を描けるかとなると話はまったく別だ。従来日本は一般的に、先進国が開発し、製造した製品を真似し改良し、良質のものとして安くその国へ売りこむ形で大変な成果をあげてきた。だが新しく独創的で相手の生活に奉仕する製品を今後つくりだすことができず、このままの形が続くと、貿易摩擦がいっそう増さざるをえまい。そうするとやがて日本は世界から孤立し、二一世紀に入った頃、同じ方式で今度は後発の発展途上国から追いこされてしまうのではあるまいか。

あらゆる動物のうち、人間のみがその文化の象徴として都市をつくっている。しかし今の日本の都市、特に大都市をみると、生産活動第一につくられてはいるが、文化面が薄く、前記のように経済発展をすればするほど市民生活は過密に追いこまれ、不便や困難にいっそう取り囲まれる面がある。このように世界において立ち遅れが目立つような都市の生活環境から、一体今後世界をよい意味で文化的にリードする創造的な人材を多くつくりだせるのだろうか。またそうしたタイプの産業を日本自身の力で開発し育成することができるのだろうか。これからは、人間らしい生活にふさわしい真に豊かな都市づくりを進めないと、日本の新しい発展はなく、世界の新しい時代に日本は追いついていけないのではあるまいか。

昭和のはじめ頃、日本のオリンピックにおけるお家芸は水泳であった。「頑張れ、前畑」といった

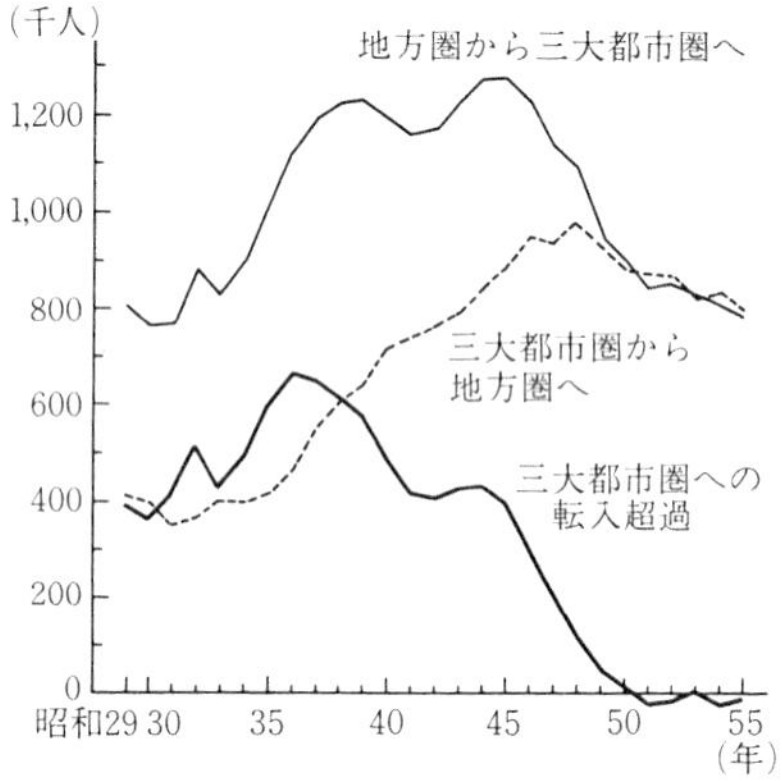

図 0･1　三大都市圏・地方圏別転出入人口の推移

注：(1)　総理府統計局「人口移動報告」より作成.
(2)　沖縄県を含まない.
(3)　三大都市圏は，東京都・埼玉県・千葉県・神奈川県，愛知県・三重県，京都府・大阪府・兵庫県.

声とともに、日章旗が続々とひるがえった。ところが、それが最近はきわめて不振である。体育理論上はまた専門的な説明があろうが、都市の面からは以下のことが注目される。戦前、国民の身近に海や河川があり、誰でも気軽に泳げた。泳ぐ国民の厚い層の上に水泳があった。戦後、国民とくにその大半が集まる大都市では、海岸はコンビナートや港でさえぎられ、泳げる渚《なぎさ》は消えてしまった。その海水や河川も水質汚濁で泳げない。ますますふえる市民のますます多くが、泳ぐ場所を失った。

他方、米国やオーストラリアでは、戦後住宅事情が改善され、わが家の庭に多くのプールがつくられた。町に温水プールもたくさんでき、市民の多くが気軽に泳げるようになった。こうして、かつて日本が得意とした水泳競技のお家芸が、そっくり外国にもっていかれた形である。

日本経済の高度成長を支えたプラスの諸要因も、都市の形がこのまま進むと、次々にそれがマイナスに転ずるのではないか。続く本論で詳しく見たいが、例えばその背景の一つである人口移動をみよう。すなわち最近までみられた地方農村から大都市圏への大量人口流入——教育水準のそろった活気にあふれた若者の流入——の傾向が、ここ数年でかなり変わってきている。図0・1がそれを物語っている。その他日本の都市は、これまでの長い歴史で経験したことのない各種の事態に遭遇しそうである。あるいはすでにそれに直面し始めている。

前例なき諸事態

例えば、ひとりっ子が過密化した高層アパートの一〇階、一五階にある一室で生まれ育ち、遊び場といえば小さなベランダかエレベーターのなか、接する自然といえば金魚鉢に泳ぐメダカ一匹か盆栽一つだけ……が、現在ではきわめて日常的な事態だ。しかしこうした事態は、日本の歴史をいかにさかのぼっても、前例のないところだ。そして一世代後つまり二一世紀を考えればそうして育つ子供たちが成人となり、次の日本の都市の大きな部分を担うはずだ。さらにこの同じ頃を展望すると、高学歴の婦人が職場に大きく進出し、共働き家庭がふえ……一方で出生率が減りながら他方で高齢者が世界に類のない速さで都市にふえる……となりそうだ。そこで現実には、これらまったくこれまで経験しなかった要因が相互に作用しあい、いろいろ複雑な問題を新しく提起させることが予想される。

こうして、従来の日本では前例のない各種の事態が深刻化してしまう前に、早く処置策を講じ、都市政策を前向きに進めないと、日本経済の力そのものが根底から蝕まれ、世界をリードするどころか、二一世紀に入る頃から、アジアの一角において、老大国いや老小国に転落しかねない。

これまで日本の研究は、欧米先進諸国の著作・論文を翻訳し、そのいちばん進んでいるところを取りだして消化し、また官庁は「諸事先例にのっとり、無事大過なく」また「地方は中央（国）の指示通り」を主としてきたようだ。たしかに、そこが優れたところであり、ここにこれまでの日本の発展がきわめて能率よく進んできたカギがあった。だがこれからは、海外でも例がなく、またわれわれ自身にとっても従来まったく経験しなかった前例のない新事態、新次元の問題が、日本の都市の身近な生活をめぐり次々と出てきそうである。否、必ず出てくる。

従来の都市行政において、都市計画をはじめ各種の中・長期計画は、過去の発展・増大の傾向の毎年の平均値を求め、それを将来にのばす形で多くつくられてきた。しかし今後は、それと違う、あるいはまったく次元を異にする問題が、次々と起こるのである。

以下、本論において日本の特に戦後の急速な都市化、従って急速な経済発展を支えたプラス要因は何であったか、それが今後はそのままマイナスに転ずるのではないかと検討したいが、それを明らかにするため、まず海外の先進国都市がいま直面している新しい事態を見よう。

ニューヨーク市の財政破綻

一九七五年春、ニューヨーク市の財政破綻が世界をおどろかせた。ニューヨークといえばウォール街をはじめ世界の富を最も多く集めてきたはずである。その都市財政が破綻し、一時はたくさんの金融機関や市民が持つ同市債の価値も大暴落かと危ぶまれた。続いてロックフェラー一族発祥の名門都市クリーブランド市にも、一九七八年末に同じような事態が発生したし、米国重工業の中心をなすデトロイトやセントルイス等々も、経済不況・失業をはじめ各種の深刻な都市問題に悩んでいる。また英国でもビートルズを生んだリバプールや由緒あるグラスゴー市等々が不況・失業、人口の減少をはじめ多くの悩みをもっている。

もちろん、海外の先進国で起こるから、必ず日本の都市にも数年あるいは十数年後に同じことが起こるというのではない。しかし、太平洋あるいは大西洋をこえた遠くの都市での出来事と、対岸の火災視していてはすむまい。これらの欧米先進都市は、皆かつて世界の経済や文化をリードして栄え、輝く歴史をもつもので、われわれはその発展してきた跡を十分学ばねばならない。それだけにまた、これらの都市がいまなぜ多くの困難に直面しているのか、その原因・背景に十分注目し、われわれの今後の参考とさせなければなるまい。

一九六五年、長身のリンゼイ氏が若い秀才ブレーンたちを引きつれ、ニューヨーク市長に就任し、いわゆる進歩的市政を展開し始めた。全米にさきがけて医療（市立病院）や福祉を充実させ、市立大学の門戸を特に低所得者たちに広く開いた。市経済も発展を続け、雇用も二〇万人ふえ、建設も進み、市財政の収入もふえ、先のような多くの事業の遂行を可能とさせた（表0・1参照）。

表0·1　ニューヨーク市予算歳出額推移

（単位：100万ドル）

歳出項目	1960（A）	1970（B）	B/A
一般教育	588	1,839	3.1
社会福祉	351	2,310	6.6
市立大学	53	333	6.3
医療・病院	230	680	3.0
警察	236	602	2.6
消防	122	267	2.2
環境保護	132	322	2.4
経常費計	2,365	7,809	3.3
資本支出	316	1,107	3.5

（Citizens' Budget Commission 資料より）

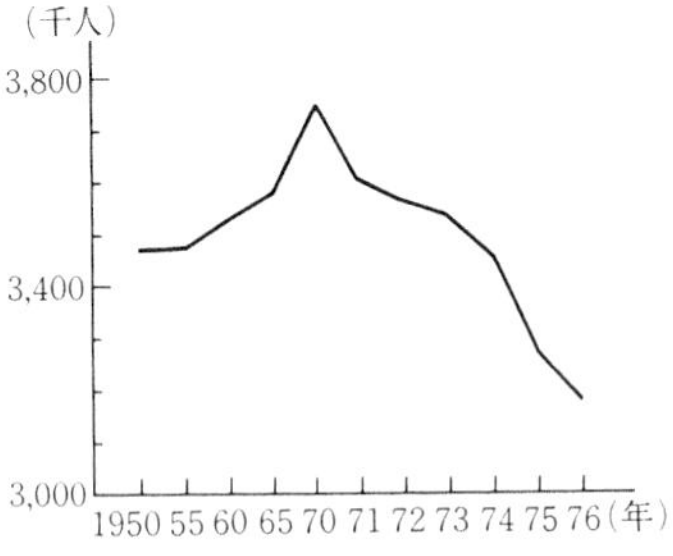

図0・2　ニューヨーク市の総雇用量(年平均)
(ニューヨーク市資料より)

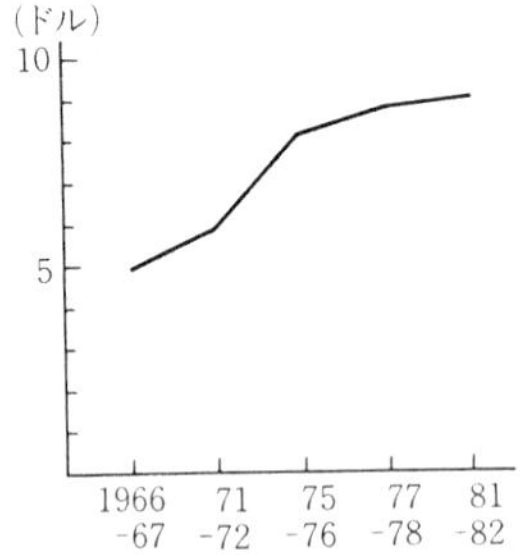

図0・3　ニューヨーク市不動産税の税率(評価額100ドルにたいし)
(ニューヨーク市資料)

だがその底流で、市をとりまく米国全体としての政治・経済の環境に、不気味な渦がおしよせていた。まず政治面では一つは市民権運動をめぐり、一九六三年のワシントン黒人行進から六七年夏の都市暴動、六八年のキング牧師暗殺……であり、いま一つは六五年の北爆あたりからのベトナム戦本格化である。特にニューヨーク市の経済面に関連しては、低所得者とくに黒人そしてプエルトリコ人の大量流入と中高所得者の大量流出である。市人口は一九五〇年と七〇年と、ともに七八九万前後とほとんど変化がないが、その内容において先のような約二〇〇万の人口の入れかわりがあった[1]。

流入した低所得者たちの低賃金により、六〇年代は被服産業その他製造業、サービス業は大きく支えられたが[2]、やがて技術革新の新時代に追いつけず、それら労働力の多くが落ちこぼれ、総雇用量は減り、失業者、貧困者の急増となった(図0・2参照)。他方、よりよい環境を求めて市外へ流出した高級技術者——中高所得の白人——を追う形で、新時代の産業あるいは大会社の本社も市の外(多くは気候と環境

崩壊したサウス・ブロンクスの廃墟

のよい南部）へ流出した。
　こうして市の財政にとり、福祉をはじめあらゆる貧困対策の財政需要は急増する。それをまかなうため、市税の主力をなす不動産税の税率は、図0・3のようにわずかの間に急増せざるをえなくなった。こうした税率の急増は、不動産経営、とくに貧困地域のそれに大きな打撃を与え、サウス・ブロンクス等々の地域にその放棄すなわち廃家屋のひろがりが始まった。不動産税の滞納や徴収不能もひろがった。
　税収が減り、財政需要が増せば、当面は借金でやりくりをするほかはない。金融機関から一時金を借りるのである。こうして、市の短期債は、歳入が将来期待されるであろうからとして、一九七〇年を機に、六九年の七・五億ドルが七四年に三四・一億ドルと急増してしまった。こうしてその金利負担も雪だるま式に急増し、ついに七五年に金融機関もその引き受けをためらうこととなってしまったのである。

同市における七五年の財政破綻の表面化は、世界を大きくおどろかせ、当面は州や連邦からの各種援助、大幅な経費削減等でからくも危機をしのいだ形である。最近は財政再建を至上とするコッチ市長のもと、観光収入の増大、サービス業や金融・不動産業の活発化、国際金融センター設置に伴う世界各地からの資金流入等で一応の安定をみせている(3)。しかし、レーガン政権のもとにおける各種緊縮財政の影響は、補助金の削減等を通じ、とくに低所得者への施策が遅れがちになるとされている。今後も楽観は許されない。

イギリスの都市

かつて産業革命以来、世界経済の先頭に立ってきたイギリスの中心都市はどうか。特に一九六〇年代後半から七〇年代への変化が注目される。マンチェスターを例にとると、人口は一九五一年の七〇万から七四年には五一万、さらに八一年には四五万へと減っている。もちろん市内から周辺への転出もあるが、そうした周辺近郊地域をふくめた大都市圏合計をとっても、むしろ減少である。

伝統に輝く工業生産活動の先進性が、第二次大戦後むしろ裏目に出、旧式機械のとりかえに立ち遅れ、とくにその中心をなす機械工業、繊維産業は国際的にみて斜陽化してきた。このため一九五九年から七二年までにマンチェスター大都市圏の雇用量は約一〇万人も減じている。さらに注目すべきは、そのうちの大部分の八万六〇〇〇人が男性となっていることだ。

市内の人口の減少の内容をみると、能力・技術のある働き手の男性が、この大都市圏外へ流出（その行き先は、通常日本で予想されるようなロンドンなどでなく、むしろ海外英語圏で技能者を求めているアフリカ、中近東等々が多い）している。

こうした経緯から、失業者の増大、貧困家庭の増加（全家庭の七・五％が生活保護世帯）、住宅事情の悪化（市内住宅の九％が居住不適、二六％が水準以下……）等々がいわれる。

若手労働力を中心に人口が流出し、老人とくに一人暮し年金生活者が増加しているさまは、表0・2、表0・3が示す通りである。

先にあげたリバプールも、市役所は宮殿と思われるほどの豪華な名残をもっている。同市は、大英帝国のマンチェスターやランカシャーといった大工業地帯が、世界の海にむかう窓として名門の都市であった。だがこうして一九世紀以来港に沿って豪華な建物、施設がたちならんだことが裏目に出て、コンテナ・ヤードがつくれず、海運界の主流から外れてしまった。六〇年代当初二万五〇

表0・2　英国主要都市の人口増減率（％）

	1961/51	1971/61	1976/71
バーミンガム	−0.3％	−8.6％	−3.6％
リーズ	＋0.9	−2.9	＋0.8
リバプール	−5.7	−18.2	−11.4
ニューキャスル	−7.6	−17.6	−4.1

（国際財政学会1981年度報告より）

表0・3　一人暮し年金生活者数（市人口に占める比重，％）

	1961(A)	1971(B)	B/A	1961	1971
バーミンガム	24,811	38,495	1.6	2.2	3.8
リーズ	16,711	23,965	1.4	3.3	4.8
リバプール	16,557	23,525	1.4	2.2	3.9
マンチェスター	18,794	24,825	1.3	2.8	4.6
ニューキャスル	8,213	11,580	1.4	3.1	5.2
グラスゴー	25,633	37,970	1.5	2.4	4.2

（国際財政学会1981年度報告より）

〇〇人もいた荷役労働者もほとんどいなくなった。当市自慢の工業だった繊維、造船、食品等を、どこか東の国がはるか追いこしてしまった。最近では失業率が二〇%と高く、とくにそれが若者に集中している（これが一九八一年夏に連夜起こった町の騒ぎの主原因をなす）。町の中心街を歩いても、率直にいって閑散としており、商店街の道路が大きすぎるのではないか、それをもっと縮小すれば、閑散さが目立たなくなるのではないかとさえ見えた。日本の都市もなにか同市発展の援助ができぬものかと思えた。悩みは大きい。

この他先進都市にわれわれが学ぶべきもの、同時にまたその先進都市が今直面している問題や悩み等々は、個々の問題にふれる際にまた見よう。

都市問題の所在

都市問題をいかに把握すべきか、また歴史的にどのように把握されてきたかといった理論的な面は別とし、市政担当の首脳部が何を「問題」として対策に迫られ、実務の上から何を関心の重点に置いているだろうか。実際の都市行政に関係し、また前記のような海外諸都市の首脳と話した筆者の印象を要約すると以下のようになろう。

日本の場合、戦後は特に都市の急成長（とりわけコンビナートや大工場の進出——経済の生産規模の拡大）に市の公共施設を追いつかせることがまず重要とされた。そのため、道路づくりや海岸埋立て、港湾建設や工業用水道の拡張等々が、都市計画の名のもとに大きく進められた。続いてその結果集中し増加する人口にたいし、同じく必要な施設——学校をはじめ、上下水道施設の建設・拡充やゴミ処理等々——の建設・拡充に後追い的に懸命な努力をはらった。この間に地価が急騰し、用地の入手に苦心するとともに、関係財源獲得のために中央各省に陳情してまわることが、市政担当者の問題意識として大きいところとなった。

こうして日本の都市問題の中心として扱われたことは、都市計画の事業を現実の生産・流通活動や人口の急増に遅れぬよう進めること、すなわち市のそれぞれの地域・場所に物的な施設（よくハコモノといわれる）の建設事業を進めること——換言すれば都市施設関連の土木・建築の建設事業を円滑に進めること——に重点が置かれてきたといえよう。この間の事情は、第二次大戦後から、いわゆる黄金の六〇年代を通じ、経済発展と周辺への膨張を続けた先の海外先進国の都市においても、共通する面が多い。もっともこれらの都市ではその成長の過程で、多くの発展途上国の労働力がそこに流入し、日本のばあいと異なった問題もある。

しかし一九七〇年代に入る前後から先進国諸都市には新しい問題が出てきている。その背景としては都市経済を支える国際的・国内的立地条件の変化がある。すなわち国内的な面をみると一九七〇年前後より、それまでの原料多消費型、肉体労働（ブルーカラー）中心の製造業から、知的技術（ホワイトカラーないし高級技術者）中心の先端精密産業・情報産業へ移ってきたのである。これを米国について具体的にいえば、従来の五大湖沿いからセントルイスそしてボルチモア辺にかけての東北重工業都市地帯（いわゆるスノーベルト）から、温暖で環境のよい南カリフォルニアからテキサス、フロリダ地方（サンベルト）へ重点が移っているのである。ここから特に従来のスノーベルトの名門大都市に都市問題が集中的に深刻化している。

大都市の「縮小」

右の悩みを市当局者の言葉を借りて一言でまとめれば、「縮小」(shrinkage) である(4)。経済活動が弱まり、人口が流出し、市のあらゆる活動規模が縮小してくる。特にそこでの問題は、すべてが均一に縮小するのではないことだ。市民のうちの強者（高い技術をもつ中高所得者）がよりよい場を求め、あるいはそこからスカウトされて流出し、弱者（非熟練の低所得者、少数グループ、老人あるいは失業者、母子世帯等々）が市内に残り、スラムに滞留する。あるいは滞留してそのスラムを拡大させる。したがって「縮小」は、すぐれて社会問題となってあらわれる。また不動産の売買件数は減り（売り手が多く、買い手が少ない）、住宅の老朽化が進み、スラムが拡大し、そこを中心に犯罪・火災等の社会不安がひろがる。これと先進都市の各階層に共通してひろがる離婚の増大、父親のいない（分からない）いわゆる婚外子の増大等と重なり、市当局に各種の新しい行政需要を増大させる。換言すれば、こうした市民生活にまつわる社会面からの財政需要が急増する。また巨大化した上下水道や交通関連の都市固定施設は、経済や人口規模の「縮小」に比例して縮小させることはできないから、それらの減価償却費や維持運営コストは人口当たりでみて相対的に大きくなる。

他方、財政収入の方は、その中心をなす市税収入が当然のことながら減る。日本のいわゆる固定資

マニラ・トンド地区のスラム街

産税も、その根本存在そのものがゆらいでくる。都市問題の中心がこうしたところに集まり、事態は年を経るほどいわゆる縮小再生産の悪循環がくりかえされていく。

発展途上国の都市爆発

欧米先進諸国の多くの大都市に、一九七〇年代に入り「縮小」現象が見られ始めたとのべたが、これにたいし発展途上国では、いま都市、特に巨大都市の人口爆発現象が続いている。これから二一世紀初頭までの十数年間に、世界の人口はさらに一九億増加すると推定されるが、その約六割は第三世界の都市地域においてとなっている。しかもそれが巨大都市に集中しており、人口四〇〇〇万以上の規模をとると、発展途上国におけるその数は二二（全世界で三八）から六一にと三倍にふえる推定である。メキシコ市などは、現在の傾向が続けばその人口規模は三〇〇〇万に達するだろうとさえいわれる。

この大都市人口急増の一つの要因は、高い出生率と公衆衛生や薬品の普及による死亡率の低下があげられるが、大きな要因は地方農村からの大量の人口流入である。経済発展、大農経営によって、小農、小作農たちが、耕地を失い村から押し出され、家族（つまり老人や子供）を連れ、職と食を求めて大都市に続々と流入してくる。しかし一般に彼らの教育・技能水準は低く、大都市の雇用の場はきわめて狭い。食や住が得られぬまま彼らはスラム街に流入し、あるいは河川敷や山腹を不法占拠し、劣悪な条件下の生活を始める(5)。

ベネズエラの首都で人口三四五万（一九八〇年）をもつカラカスでは、国内のみならず隣国コロンビアやペルーからジャングルをこえての人口流入が続き、Población Marginal（限界市民）とよばれる市民がいま市人口の五一％に当る一七六万に達し、ランチョ Rancho と呼ばれる仮小屋に住みつき、その密集が周辺の山をびっしりと覆っている(6)。

そうした貧困地域には、上下水道や電力の施設も不足し、衛生状況は悪く、伝染病や犯罪、社会病理現象がひろがる。

こうした海外に多くみる先進国側大都市の縮小現象や、発展途上国側における大都市爆発、貧困の集中といった諸困難にたいし、われわれ日本の都市は戦後どのような特質をもって発展してきたか。

それを次の第一章で考えてみたいと思う。

（1） 柴田徳衛『日本の都市政策』有斐閣、一九八一年、の特に第Ⅳ部参照。

(2) Max Hall (ed.), *Made in New York*, Harvard University Press, 1959 は戦前からのニューヨーク市における婦人子供服、印刷出版産業等の展開を紹介している。
(3) 柴田徳衛「大都市圏経済分析への視角」『エコノミスト』一九七九年一〇月一日号。
(4) "How Cities Can Grow Old Gracefully," Dec. 1977 は米国議会都市小委員会の公聴会記録として大都市の縮小を扱って興味深い。
(5) 加納弘勝・柴田徳衛編『第三世界の人口移動と都市化』アジア経済研究所、一九八三年、参照。
(6) *Caracas 2000, Plan General Urbans*, Caracas, 1981, p. 52.

第一章　日本的都市化の特殊性

1　都市化の促進要因

農村人口の流出

日本の何千年何万年という長い歴史を通じ、農村が圧倒的比重をもち、今世紀のはじめにも都市部ではまだ居住人口からみて一割を前後するしかなかった。それが戦後のごく短い期間にすさまじい勢いで都市化が進み、「もはや戦後ではない」といわれた昭和三〇年代に入り、行政上からみて都市部人口が農村部人口をこえてしまった。この主因は、いうまでもなく地方農村から都市への大量の人口流出である。一九五一年には就業全人口中四五％をしめていた農業従事者が、六一年には二九％、七〇年には一九％、そして八二年にはさらに八・九％と激しい流出ぶりを示している。

もっとも、農村から都市への人口流出は、日本だけの現象ではない。第二次大戦における軍事動員、交通通信の改善、独立戦争等々を契機に、これは先進国、発展途上国を共通してみられる現象である。例えばイタリアにおける全就業人口中の農業関係の比重をみると、一九五一年の四二％から六一年の二九％へと、先にみた日本のばあいとほとんど同じ比率の流出ぶりである。米国における南部農村から北部工業都市への流出、中南米や西アフリカにおける同じ傾向にも激しいものがある。中近東でも石油ブームとともに同じく激しい動きがあり、都市部では特に石油ブームの頃、不動産建設がすさまじかった。

若年労働力の単身離村と零細自作農

日本の戦後農村における人口流出にみるユニークさは何か。その答えとして、まず第一に、独身で中・高校卒の若年労働力の単身離村があげられよう。一〇年ほど前まで、毎年三月になると集団就職列車が東京の上野駅に着き、旅行鞄片手の若者たちの列を都庁の職員が出迎えるといった風景がみられた。国連の都市化セミナーがカナダのバンクーバーで開かれた時、各国の専門家にこの光景を説明すると、大変珍しがられた。では海外では、農村から都会へ出るという時、いかなる光景が普通展開されるか。

スペインの農村では、年寄りから子供まで正装をこらした一家が家財道具ものせた馬車に乗り、村を去っていく。畑仕事の手を離した村人たちが教会近くに集まり別れの手をふる。教会が別れの鐘をならす……。こんな風景が語られた。

ブラジルでは北部農村から南のリオデジャネイロやサンパウロへ人口流入が続くが、二〇〇〇キロ、三〇〇〇キロを老人・子供をふくめた一家がバスで来る形が多い。

つまり、小作人の一家が、農場経営の近代化で不必要となり村を離れる、小農が同じ経緯で農地を大農に売りわたし村を去る……という形である。すなわち挙家離村が主な形となっている。もちろん

表 1·1 耕地 100 ha 当たり農業従事者数

（1980年）

米国	1人
英国	8
ソ連	9
西独	16
イタリア	19
ブラジル	24
インド	98
日本	128

（『日本国勢図会』1983年版より）

表 1·2 日本の自作・小作別農家数

	1941年8月		1960年2月		1975年2月	
	戸数(千)	比率(%)	戸数(千)	比率(%)	戸数(千)	比率(%)
自作	1,656	30.6	4,552	75.2	4,160	84.0
自小作	2,216	41.0	1,309	21.6	726	14.7
小作	1,516	28.0	178	2.9	56	1.1
その他[1]	24	0.4	18	0.3	12	0.2
計	5,412	100.0	6,057	100.0	4,954	100.0

（『日本国勢図会』1981年版より）
注：1）「その他」は例外的に小規模のもの．

インドの大都市では、農村部から若者（とくに男性）の単身流入を大量にみるが（カルカッタなど若い男性の比重がとくに大きい）、その若者も多くは妻子を農村に残しての出稼ぎの形をとり、郷里への送金が相当額に達すると、郷里へもどる。こうしたいわゆるターゲット・ワーカーはアフリカの都市にもみえる。さらにプエルトリコやカリブ海地域一帯の農村からニューヨークや米国諸都市への若者の単身流出もあるが（厳密には直接でなく、途中の地方都市を経ることが多いが）、それは家族移住の先陣という形であり、目的の都市にその若者が住みつき、職（というより厳密には食にありつく道）を得ると、やがて家族を呼びよせる形をとる。日本のばあい、主な企業は終身雇用つまり学校の新規卒業者を常に採用する形をと

能登の千枚田．狭い耕地面積を最大限に利用している．

り、農村から若者・独身者の単身離村というユニークな姿をとる。

日本的離村の形の独自性がどうして出てきたか。正確には農業専門家の説明を待ちたいが、戦後の日本で、農地改革を通じて農地の所有に手が加えられ（都市部の宅地はノータッチ）、多くの零細・自作農が生まれ、その生産性が急速に向上したことである。日本農業の耕地面積当たり従業者数は表1・1のようである。なおこの人数は、フランスはソ連に近く、カナダは米国よりさらに少ない。すなわち日本の耕地の経営規模は、大部分がヨーロッパ諸国の一〇分の一前後、米国やカナダの一〇〇分の一以下と、比較を絶して零細である。しかしその所有状況をみると、いわゆる戦後の農地改革で表1・2に示すごとく、小作農家はほとんどなくなっている。日本農業の基本となる農地法（昭和二七年施行）の第一条で「この法律は、農地はその耕作者みずからが所有することを最も適当であると認めて……」とする。こうした結果大部分がマイ・ホームならぬマイ・ファーム（my farm）の持主となったわけである。

同じく日本の長い農業の歴史からみれば、戦後のおどろくほどわずかの間に、まったく革命的ともいえる化学肥料と農薬の普及をみて、反当たり収量を増大させた。また一九五〇年辺りから農業機械も普及し、とくに動力耕耘機《こううんき》の普及は、それまで大量に必要とした手労働を、大きく節約するに至った。さらに日本の食用農産物自給率が海外からの輸入により急減してきたことも、これに拍車をかける。

こうして余分の労働力が大きく浮び出てきたが、しかしマイ・ファームであるから各家族は家としてそれぞれ所有の耕地に留まっていなければならない。こうして両親（年寄り）が農村に留まって家を守り、子供が先に述べたように中・高校を卒業すると、独身若年のまま、都市（とくに大都市）をめざして流出することとなった。

均一で優秀な働き手

日本の戦後農村からの人口流出にみるユニークさの第二は、その若者たちの質的な均一性と高い（読み書き、算数を解するという意味で）教育水準をもつことである。日本ではあまりに当然なこと——そして海外先進都市からみればあまりに例外的なこと——は、地方農村から都市へ流出する人々が、すべて日本人であり、方言は残るにせよとくに若い人々はお互いに日本語（標準語）を解し、楽に会話のコミュニケーションができ、少なくも全国的に教育水準（義務教育）が徹底して均一化し、近代産業の発展や技術革新の点からみて優位にあることとである。そのため、いわゆる全国の相互に離れた地方農村の僻地から、突然大都市の一つの近代工場へ新しく集まってきた若者たちも、短時日の間に比較的容易にその生活や風習に同化し、一つの生産活動に協力しあうことができる。新来者（new comers）も、すぐに都市における近代的経済活動の担い手となり、そこに融和できる。

これは世界からみて、まことにユニークなことといわねばなるまい。いまニューヨーク市内を歩くと、スペイン語しか解しない人々あるいはそうした人々の集まる地区によくぶつかる。地下鉄の広告もいくつか両国語である。ロンドンでも、中近東やアフリカの旧植民地から出てきた新しい居住者がふえ、職を求めて暴動が起ったりしている。パリやストックホルムあるいはドイツの都市でも、こうした北アフリカや南欧からの居住者が、市の経済活動の基幹部分を支えているが、言語・風習はなかなかその都市に同化しがたい。

日本でも、かつて東北弁と鹿児島弁では、相互にコミュニケーションをはかりがたかった。しかし標準語をつくり、それで事実上統制することにより、わずか一〇〇年後の現在、とくに若い世代においては、工場やオフィスの場で普通の日本人相互が会話ができないという事態はまったく考えられなくなった。しかしこれはインドのカルカッタのような八一もの異なった言語をもつ都市では、考えられぬ利点である。ニューヨーク市でも五〇種の異なった言語の新聞が発行されている。日本のいかなる大都市の下町であろうが山村の奥であろうが、健康な若者で読み書きのできない者はまず考えられないこと――これも世界からみておどろくべきことである。これは、戦後というより明治以来の日本の教育制度のおどろくべき成果である。そしてこの義務教育の事業は、市町村の役所・役場が当たり、その費用が地方財政の大きな部分を占めていた。明治新政府の全国統治の形は、こうした地方制度の確立、義務教育の普及、貧困農村への財政的テコ入れを重点として能率的によく整備された。後進国日本の急速な発展の基礎をなした。

この運用のカギをなした地方財政の現在の形をみると、欧米先進諸国（あるいは世界の多くの国）と比べ、信じられぬほど複雑・精密をきわめている。世界の一般傾向としては、地方自治体の仕事と中央国家の仕事は分かれ、前者はそれぞれの地域の住民の運営にまかされ、税制や税率も自治体によって異なってきた（とくに米国などは州によって異なる）。したがって教育水準も地域によってかなり異なる。地方自治体の仕事（とくに貧困にたいする福祉などの事業）に国家的性格が加わるにつれ、国から地方への支出金もふえてくるが、それは制度的に対象人口や不動産評価額等、比較的簡単な基準で配分される。

しかるに日本の地方交付税や補助金制度の巨額で複雑なしくみは、欧米諸国では例をみない。こうした制度ができた大きな要因をさぐると、戦後というよりも明治維新以後、農村の若者が、都市へ出てきてすぐそこにとけこみ働けるよう――近代的生産活動にすぐ従事できるよう――、地方の義務教育制度を全国的立場から充実させ均質化させたことが注目される。すなわち、明治六年小学校扶助委託金、同一〇年小学校補助金あたりから始まり、明治三三年市町村立小学校教育費、大正七年市町村義務教育費国庫負担法……そして戦後と、きめ細かい政策がとられ、とくに経済的に貧しい農村地域の町村へ多くの財政援助をして、義務教育の全国的水準を保とうと努力したことは、世界でも類を絶したところといわねばなるまい。さらに戦後の六三制施行をめぐり、とくに地方の町村が財政的な困難に直面したこと、しかしともあれそれが施行されたこと等に注目される。

国全体を通じて読み書きのできない人がほとんどなく、日常の算数がうまくできること、そして地方農村を出てきた人が、都市に入ってその進んだ生産・営業活動に比較的容易に同化できること——これは世界の諸都市を通じて、日本の都市のきわめて恵まれた条件といわねばなるまい。カルカッタ市のように市民がパンジャビ語、オリヤ語等々と違った言語を使っていると、市の広報活動は想像を絶して困難となる。日本の市役所なり村役場なりで、「おしらせ版」を日本語で書いて新聞紙にはさんだりして配達してもらえば、一応地域住民への連絡はすんだことになる……というのは、世界からみれば、むしろ例外である。ニューヨーク市のようにプエルトリコ人がふえてくると、小・中学校にスペイン語のよくできる先生をそろえねばならなくなる。これは財政面でもそれだけ大きな負担となる。市立病院の医師・看護婦から警察・消防等々都市行政のあらゆる面でも、同じ問題が起こってくる。

日本においては少なくも戦後、一九五〇年代、六〇年代と、地方農村からこうして質的に均一化した教育を受け、農村の自然のなかで元気いっぱい育った独身の若年労働力が、大量豊富に毎年流出し続けてきたのである。

表1・3 都府県別社会増加率（1965/1960）

埼玉	17.3%
千葉	11.5
東京	4.8
神奈川	20.6
静岡	0.1
愛知	7.1
京都	1.0
大阪	12.9
兵庫	4.5
奈良	1.8
広島	0.4

（『日本国勢図会』各年版より）
注：上記以外の県はすべて社会減．

戦後大都市の形成

長い世界史をリードし、今日さらに繁栄している都市としては、むしろ海と離れた内陸部にあるものが多いようである。古代から栄えたエルサレム、カイロ、ローマ、長安（西安）や北京、近世文化の中心をなしたフィレンツェ、その後世界史の花形となったパリ、ウィーン、ベルリン、モスクワ、ワルシャワやマドリード……は、いずれも内陸部にある。産業革命をリードしたマンチェスター、バーミンガム、シェフィールド等もそうであるし、ロンドンやワシントンも水運の便はもつにせよ、海岸にあるとはいえまい。

日本でもかつて歴史の中心は奈良や京都であったが、第二次大戦後急成長したのは海岸沿いの大都市である。東京、横浜、名古屋、大阪、神戸といった海に沿ったいわゆる三大都市圏、あるいは東海道メガロポリスに経済力そして人口の集中が著しい。日本経済の高度成長がさかんに進む一九六〇年から六五年の間に人口の流入増すなわち社会増をみた都道府県をみると表1・3のようになる。いわゆる三大都市圏へ若年労働力を中心に人口が流入してきた。それだけ富も集まり、消費活動もさかんである。これらの地域が巨大なマーケットをなすことは、かりに高度成長の大きく進んだ一九六三（昭和三八）年度をとって、高級酒の消費状況をみてもよく分る。表1・4のように東京をはじめ上位五都府県で、特級ウイスキー、ブランデーは全国の三分の二以上、特級酒で六割以上が消費されて

表1・4　高級酒の地域別（上位5都府県）消費状況

（昭和38年度）

都府県	対全国人口比(%)	特級ウイスキー，ブランデー消費量の対全国比　(%)	特級酒消費量の対全国比　(%)
東　京	10.32	38.26	25.48
大　阪	6.14	15.78	17.64
神奈川	3.94	5.14	4.44
兵　庫	4.29	4.84	6.95
愛　知	4.64	4.43	6.47
計	29.33	68.45	60.98

（自治省税務局資料より）

注：特級ウイスキー，ブランデーの全国消費量は6,348キロリットル，同特級酒は51,135キロリットルであった．

いる。

こうした大都市への人口集中を促した大きな日本的要因として、産業立地条件の変化、特に大都市周辺における臨海コンビナートの建設をあげたい。一九六〇年あたりを転機として、エネルギー源の主力が石炭から石油へ移るのと前後して、工場が原料に近いところより、むしろ消費地に近い場所に建設され始めた。大阪湾、伊勢湾、東京湾あるいは別府湾沿いに大規模な埋立てが進められ、そこにつくられた工業港にマンモス・タンカーが中近東などから大量の石油を運搬してきた（タンカーが大型になるだけ単位当たりコストは安くなる）。そして港は、かつては物資流通の場であったが、港に接した膨大な埋立地がそのままコンビナートとして、近代重化学工業生産の中心となった。火力発電、石油化学、鉄鋼、化学薬品等の大工場が、世界最新の技術をとり入れながら相互にもっとも能率よく配置され、生産性向上の成果をますますあげた。世界に誇る造船技術の粋を尽くした大型高速船で、原油、鉄鉱石等の原料が、単位当たりそれだけ安く海外からコンビナートへ輸入された。大都市周辺の地価は一般的に高いが、新しい埋立地では一般に埋立造成原価を目標により安く企業に売られた。

国際的にみて、質と量にともに恵まれた水が、空気とともに無料か安価で大いに消費・利用された。さらにもっとも重要な「働き手」は、前にのべたように地方農村から質の優れた若者が毎年大量に供給され続けた。

そうしたコンビナートの周辺には、また大企業の生産を助ける中小下請工場が集まり、そこへもまたもちろん先のような元気な若い働き手が大勢流入してきた。

やがて生産性の向上とともに、現場で働く労働者（ブルーカラー）の数は相対的に減るが、代わりに本社で働く事務系職員（ホワイトカラー）や研究職員がふえてくる。それらは大都市に集中し、そうした本社活動の増大は、また周辺にあるサービス産業を拡大させる。それでは、大会社の本社をこのように大都市に集中させるものは、一体何であろうか。

中央集権的な姿

西ドイツの首都はボンだが、人口二八万で、ハンブルクやミュンヘンの五分の一に近い、むしろ中都市である。経済・政治の機能は各市に分散している。大会社の本社も地方都市に分散している。また大都市といっても、人口一〇〇万台クラスが、ベルリン、ハンブルク、ミュンヘン、ケルン……とならぶ形になっている。

米国の首都ワシントンは、連邦政治の中心であるが、市民生活に密接な行政機能の多くは各州がもっている。また経済や金融の機能となると、ニューヨークやシカゴ等々がその中心となっている。オランダとなると、国の諸機能がアムステルダム、ハーグ、ロッテルダムに分散している観がある。

こうした点、日本は機能が大都市とくに東京にきわめて集中した形をもっている。昭和一〇年あたりまではまだ阪神（大阪・兵庫）が経済・商取引の中心をなし、工業生産高の全国にたいする比重もこの二つの府県で一九一四（大正三）年で三一％、一九三五（昭和一〇）年で二六％と、京浜を大きく抜いていた。またそれ以前の江戸時代は、大阪が「天下の台所」であり、当時の経済の基礎である米取引の中心をなしていた。

しかし日中戦争の本格化、統制経済の強化と、軍事生産としての重工業部門の強化とともに京浜地帯の比重がまし、さらに第二次大戦後半以後におけるアジア大陸との交流関係の弱化は、日本海沿岸や西日本の諸都市の比重をそれだけ軽くする方向へ働いた。

戦後の新憲法で第八章に「地方自治」の項が大きく立てられ、それに基づいて地方自治法、地方財政法等が施行されたが、現実には地方公共団体が財政や人事を通じ、国のコントロールを大きく受けることとなった。

国の予算編成期となると国の事業や財政投融資の配分補助金、起債等をめぐり、全国の地方団体関係者が大勢中央の各省へ陳情に集まり、霞が関周辺の人口は年末に一〇万もふえるといわれるが、この姿は、天下の壮観である。

金融機関も、各銀行の本店が大口貸出しの決定権を握り、大手の会社ほど本社を中央政府、そして大銀行本店の近くに配置させる。

米国の大財閥例えばメロン系がピッツバーグに本社を集中させ、あるいは先のような環境のよい所を求めて大会社の本社がニューヨークから南カリフォルニアやフロリダ州へ移るといった形は、日本と大きく違う。大会社の首脳が、業界団体の総会がワシントンで開かれるために行くことはあっても、予算の陳情で連邦政府に行くことはあまり聞かない（もっともワシントンに駐在して政治の陳情活動を専門に行うロビイストの制度はあるが）。各州から選出された議員の力がきわめて強く、議会が行政を動かす力が大きい。

ロンドンは、経済・金融の中心と政治の中心をともにもつが、最高教育機関たるオックスフォード、ケンブリッジの両大学はともにロンドンから一〇〇キロ以上離れている。米国も有名大学は多くボストン郊外、ニュージャージー州プリンストン、カリフォルニア州パロアルト……と分散している。その点東京都内に一〇四もの大学を集中させている姿は、やはり世界からみて異例である。

発展途上国が一刻も早く先進国に追いつくべく、国の機能を大都市に極端に集中させ、生産の能率をあげようとした――日本の戦後の姿はまさにこれであり、事実こうして輝かしい経済発展の成果を大きくあげた。

しかし、ここでその成果を大きくあげる原動力となった市民のあり方に注目せねばなるまい。

若者の町

前にのべたような形で毎年三月の卒業期となると、中学・高校を出た若者が農村や地方都市を出て大都市の職場ないし大学をめざして大量に流入してきた。この結果、大都市の年齢別人口構成（いわゆる人口ピラミッド）は、世界のどの都市でも例をみない特別の形をもつに至った。とくに昭和三〇年代は、その当初と終わり頃を通じ、菱形なのである。

一般に発展途上国の大都市の年齢別人口構成は、出生率が高く、平均寿命は比較的短いため、富士山型をなす。つまり子供の比重が大きい。それにたいし、欧米の都市は、出生率は低く、平均寿命は長いため、一般に茶筒型をなす。つまり高齢者の比重が大きい。とくに経済が停滞し、若い働き手が流出する都市では、二〇歳台、三〇歳台がむしろ細くなっているし、西ベルリンやウィーンのような

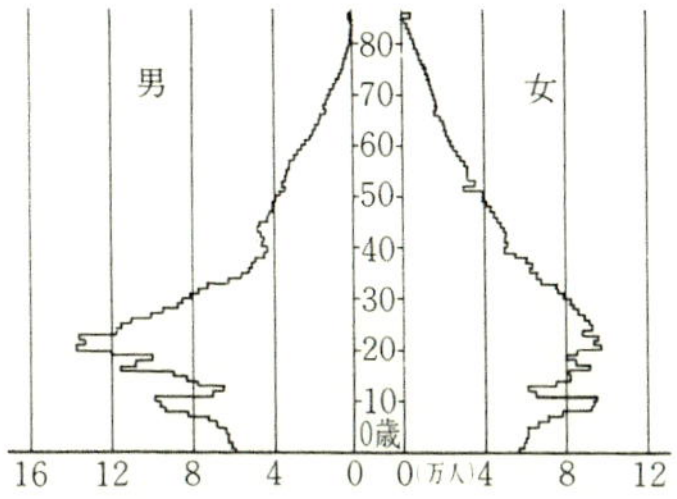

図1·1　東京都年齢別男女別人口構成（昭和33年）

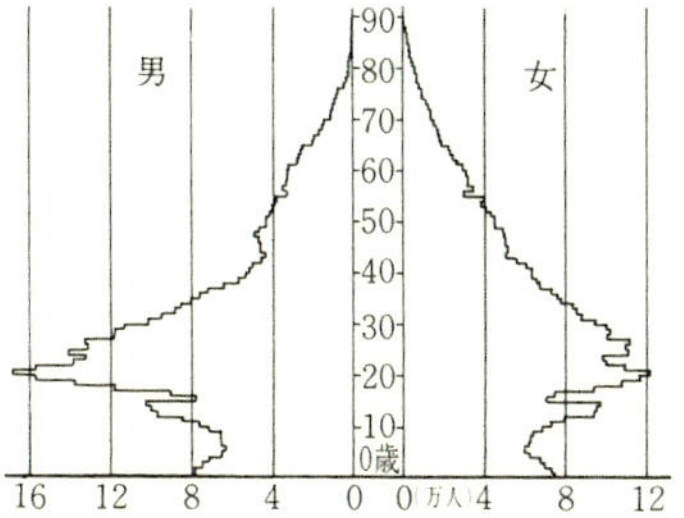

図1·2　同（昭和37年）

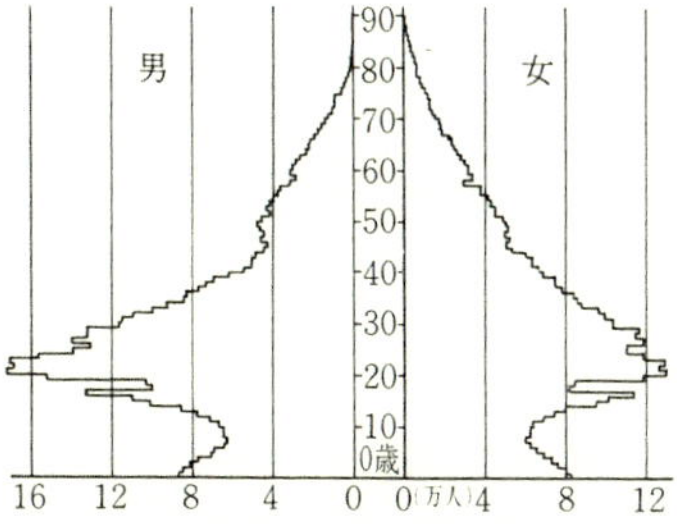

図1·3　同（昭和39年）

（東京都統計年鑑より）

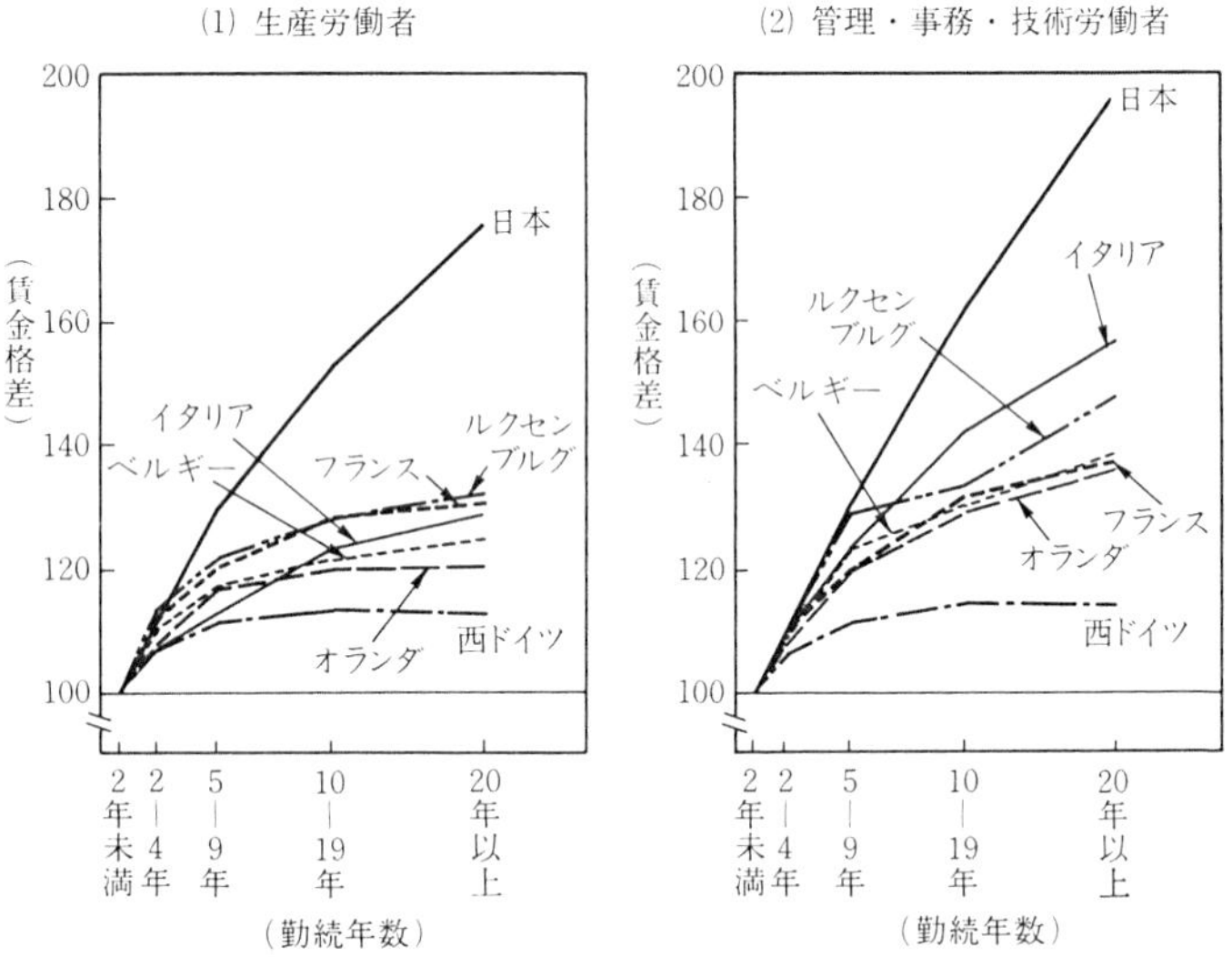

図1·4　勤続年数別賃金格差の国際比較（男子）
（勤続2年未満層賃金＝100）
（労働省監修『図説労働白書』昭和54年度より）

都市は、異常に高齢者が多いため、図の画き方によっては、極端にいえば逆三角の形を呈する。

日本の大都市のばあい、図1・1、1・2、1・3の東京の例が示すように、二〇歳台が市人口に占める比重が先進都市の一五%前後にたいし三〇%近くと特別に多い。これは横浜、大阪等他の大都市をとっても同じである。昭和三〇年代を通じ、この人口ピラミッドで常に二〇歳台が極端に多い——これはつまり若者が、毎年、地方農村から大量に流入し続けたからである。換言すれば、社会的に負担の大きい高齢者と子供の数が、日本の大都市は国際的にみて極端に少なかった。日本経済の牽引力をなした大都市、それはひたすら「働き、学ぶ若者の町」

である。しかもそこにさらに日本のユニークな制度があった。

年功序列と終身雇用

日本の会社、職場には一般に「年功序列」「終身雇用」の制度がある。年功序列とは、簡単にいえば、職場における地位、したがって賃金が、勤続年数に応じ上昇する制度である。日本で至極当然なことも、いかに国際的にユニークであるかは、図1・4が示している。日本の男子のホワイトカラーの場合、二〇年以上勤めていれば給与水準はほぼ二倍になる（その他、地位が向上し、諸手当がふえたり、交際費が豊富に使えたりする）。これにたいし、西ドイツでは二〇年間勤めても一割上昇するだけであり、諸手当も少ない。

これを逆にみれば、勤続二〇年の中高年社員の給与を標準にとると、西ドイツでは新入社員にたいして、その九〇％の額の給与を出さねばならないのにたいし、日本では五五％程度、つまり半分の支出ですむことになる。大勢の若者と少数の中高年という年齢構成は、賃金総額が先進諸国に比して相対的にきわめて少額ですんだことを示す。日本ではまさに

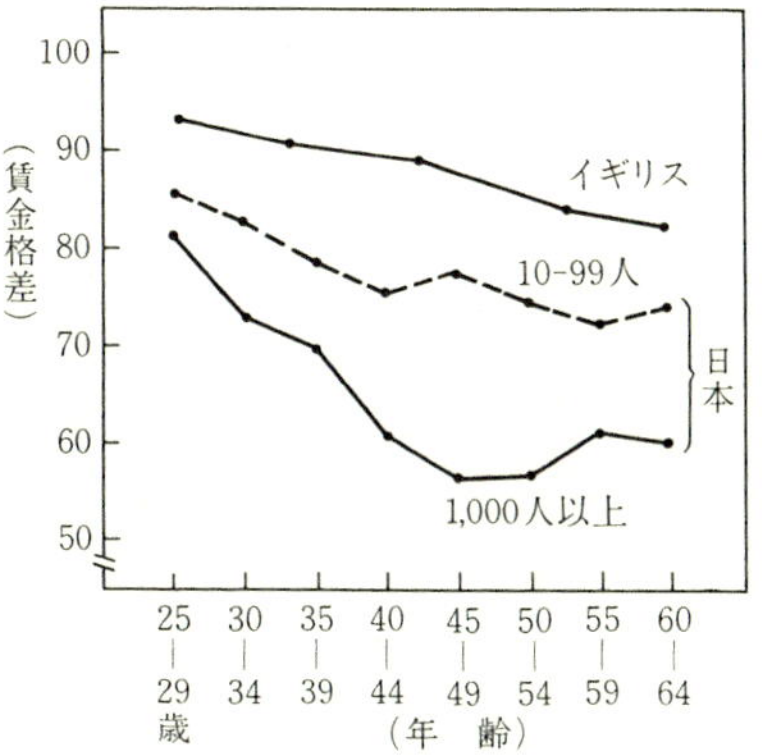

図1・5　年齢別にみた標準労働者と中途採用者の賃金格差（日英比較）
（男子生産労働者，標準労働者の賃金＝100）
（資料は前図と同じ）

若者は「金の卵」だ。

次に終身雇用の制度がある。図1・5に示すごとく、日本では一般に大会社ほど、中途採用は低い賃金水準となる。普通の会社では、学校のいわゆる新卒で入社し、定年で円満退職するまで、「うちの会社」に生涯を捧げる形をとる。米国などでは考えられないユニークな形である。いまは給料がこんなに低いが「うちの会社」のため頑張ってさえいれば、やがて立身出世ができ、たとえ定年までの給与が低くともまとまった退職金がもらえ、そこで住宅ローンの返済もできるし、会社が下請会社への再就職も世話してくれる。そうした期待感を持てた。

ここに、東北から大勢東京方面へ流入してきた若者たちにとって、その心情をいいえた歌がある。

上野は俺らの　心の駅だ。
お店の仕事は　辛いけど
胸にゃでっかい　夢がある。（「ああ上野駅」関口義明作詞）

©関口義明　日本音楽著作権協会（出）許諾第8563005-501号

所得倍増計画が出され、日本経済の高度成長が本格化してきた昭和三九年の歌である。

豊かな自然のなかで育った元気な大勢の「金の卵」は、給料が低いほどますます期待感に胸をふくらませ、こうして膨張する都市の一角で、いっそう残業、残業とよく働いた。それだけ若者の町＝大都市は活気にあふれ、成功へのチャンスも増す。日本経済は輝かしく発展してきた。毎年農村や地方の中小都市から若者が、「俺も男になろうと思い」、地方中核都市、そして大都市へと集まってくる。コンビナートやそれをつなぐ交通通信施設への設備投資がくりかえされ、海外の最新技術がそこに導入され、会社では拡張に次ぐ拡張が続いた。そしてまたここでは都市計画とは、道路・橋梁や各種建築物といった土木・建築関連の都市施設を拡大させることであり、そのため市役所の人員・予算もふえ、課長・部長のポストもふえた。

いずれにせよ、今日は辛くとも、明日は昇進し給料のふえる期待感に胸をふるわせることができた。まさに歌の文句ではないが「東京へ行こうよ東京へ……行けば行ったで何とかなるさ」「あんじょやろうか　大阪野郎　明日という日が　ないじゃない」であった。ここでは「成功」を皆求め、過密となってきた住宅街で、他人より一歩先んじてカラーテレビ、ステレオ、ピアノ……そして自動車、さらにマイ・ホームを持つことが「現代の英雄」とされた。まさに「出世街道」を、懸命に走る。

2　日本的不動産事情

経済発展に逆行する住宅事情

戦後、日本経済は輝かしい発展の成果をあげてきた。そこに働く市民たちは、他人より一歩先んじて、常に新型へと改良される各種の電化製品、ピアノ、自動車、さらにマイ・ホームを持つことが、自分の虚栄心を満たすことができるし、それだけ「現代の英雄」とされた。このうち、各種の新型製品を買い揃えることは、よく働きさえすれば可能だが、それらを納める生活の器――マイ・ホーム――の入手は、年とともに困難さを加えている。とくに昭和四〇年代後半の物価高騰の時代には、一般市民の所得水準の上昇とはまったくかけ離れて住宅費（地価）が急騰した。

それ以前の週刊誌にこんな記事を見た記憶がある。題して、「若くして現代の英雄――マイ・ホーム持ち――になる方法」。答えは「第一に会社の仕事が終わりしだい、絶対にわが家へ真直ぐ帰れ（途中で友達と一ぱい飲んだりマージャンをしたりしてお金を使うのはもってのほか）。第二にあらゆる交際を絶て（友達の結婚式にも心を鬼にして金一封を持ってゆくな）、第三に共働きをしながら給料から心を鬼にしてまず天引き貯金をし、それに手をつけるな。第四に家をつくってから子供を生む……である。つまり、あらゆる人間性を棄てて、ひたすら貯金し、必要額の三割、四割の頭金を一刻も早くつくれというのである。

だが、事態は悪化の一方である。例えば国土庁『国土利用白書』の昭和五一年版によれば、東京圏における一区画当たり宅地価格は、昭和四七年を一〇〇とすれば、四九年は一八五と二倍近くに騰貴。この間、勤労者世帯収入は一〇〇から一四七。「稼ぐに追いつく貧乏なし」というが、こと住宅にかけては、稼いでいくらか貯金が出来ても、住宅がいっそう市民の手から高嶺の花と遠のくようだ。地方都市となればこの金額は下がるし、ごく最近そうした事情でいわゆるUターン現象も出ている。

こうして、「ローンの重圧、マイ・ホーム無残、登校中に両親心中……六日、千葉県市川市の新興住宅地で、中年のサラリーマン夫婦が二人の子を残して無理心中をはかり、夫婦とも死んだ。夫婦は五三年に約一九〇〇万円のマイ・ホームを借金してやっと手にしたが、三〇万円の月収で毎月一八万円もローンの返済にあてており……」(朝日新聞、一九八〇年九月八日)。

あるいは、「密集住宅、『境界争い』で流血……一家三人をバットで殴る」。その他いろいろの事件が起こる。最近までの欧米では、マイ・ホームを持つのに年収の二年半から三年分が目安となっていたが、日本ではいまそれが七年から一〇年をこす。事態は、親の援助でもない限り、絶望的だ。

海外から見る日本の不動産

海外に行き、いわゆる中流辺りの階層で郊外に一戸を持つ人に、貴方のお宅の広さは、宅地の広さはと聞くと、時にハーフ(二分の一)ですとか、まだクォーター(四分の一)ですといった答えがかえってくる。土地の広さ一エーカーを単位として、幸い経済的に余裕があり(中流も上の方、あるいは上流)、一エーカー買えましたとか、まだ余力がない(中流の下)で四分の一エーカーの土地しか持てませんというわけだ。イギリスの田園都市で一般勤労者用の安価な一戸建てのばあい、一二分の一エーカー(つまり日本の戦前のサラリーマン住宅の標準だった一〇〇坪)が一つの目安で、低所得者のため最低二〇分の一にまでなる例外的ケースもないことはないという説明であった。カナダにおけるマイ・ホームの売買標準例は宅地四分の一エーカーだった。また米国の都市は多く宅地細分化規制(Land Sub-division Control)の制度をもち、そこでは一定規模以下には宅地が分割できない(プリンストン大学近くの高級地となると、最低単位が実に二エーカー)。

表1・5 (A) 1件当たり個人取得宅地平均面積 (単位：m²)

年次	江東区	東村山市
昭和44年	110	181
48年	98	126
52年	95	110
53年	88	99

(B) 1件当たり100m²未満個人取引件数及び面積の割合 (単位：%)

年次	江東区		東村山市	
	件数	面積	件数	面積
昭和44年	75.6	34.0	40.2	11.2
48年	73.2	40.4	59.4	23.6
52年	77.2	44.7	51.6	26.7
53年	76.4	48.4	60.8	34.8

(東京都『東京の土地問題』1979年度)

さて、問題はそうした海外の人々が日本の都市へ来た時である。もっとも日本の都市といっても、先にのべたように地方の小都市と中核都市、大都市とでは不動産の事情や価格がかなり異なるかもしれない。一応、人口の大きな部分をしめる地方中核都市から大都市を例としてとろう。日本の不動産広告や地価の公示価格を見せても、平方メートル単位ではどうも相手がよく分らない。しばしば「すまないが、エーカーで示してくれ」といわれる。一エーカーとは約四〇〇〇平方メートルである。ところで昭和四〇年代はミニ開発と称し、一区画一〇〇平方メートル前後の例が大都市内外で多かった。しかし最近は宅地が七〇とか六〇平方メートル（しかもそこに多くが私道こみ）といった物件が多い。こうなると、ミニ開発はやや大規模な方で、実状はミニミニ開発といわねばなるまい。これを先方に先の単位で伝えると、六〇分の一エーカー、七〇分の一エーカーとなってしまう。「え、まさか。ガレージを訊いているのではありませんよ。六分の一、七分の一の間違いでしょう」といわれる。経済が相当に発展したこの一〇年間に、個人の一件当り平均宅地取得面積は、東京の江東区と東村山市を例にとれば、表1・5のようである。昭和五三年の個人の宅地取引件数をみるに、江東区の場合一〇〇平方メートル未満の取引件数がその七六・四%を占め、東村山市で同六〇・八%を占めている。大阪の衛星都市についても事情は共通しているか、さらにきびしいようだ。要するに先進国水準より一桁小さい、つまり一〇分の一にあるといいたい。同じ日本でも先にイギリスのニュータウンの例でのべたように、戦前、中流サラリーマンが庭つき一戸建ての家を入手したとなれば、宅地は一〇〇坪（三三〇平方メートル）前後が常識であった。さらに昭和初期の小田急沿線の郊外宅地分譲例（昭和四、五年）をみると、「分譲地一坪六円より、一口五〇〇坪（教育者歓迎のため最近二〇〇坪の小口も作りました）」とある(1)。また田園調布の分譲地は五〇〇平方メートルあたりが平均だった。

しかし次に不動産価格となると、今度は反対である。分譲住宅で一家四人が健康で文化的な最低限で住むことができ、あまり不便でない場所となると、少なくも大都市では二〇〇〇万円台はもう望めず、三〇〇〇万円台から四〇〇〇万円台となろう。こういっても海外の人には分りにくい。だがこれを為替相場で換算して、米国の一五万ドルから二〇万ドル、英国の一〇万ポンドから一五万ポンドと表現すると、二度びっくりされる。計算違いで一桁多すぎるのではないかというのだ。ごく最近高金利で米国の不動産市場も混乱しているが、これまでの常識からいえば日本の不動産は海外都市の常識から一〇倍高いこととなる。また先の『国土利用白書、昭和五〇年版』を借りれば、「比較的統計が整備され、わが国の地価公示制度と類似の制度を有する西ドイツと比較してみると、その建築用地価格は、一九七四年において一平方メートル当たり平均約三二〇〇円程度であったが、一方一九七四年一月一日におけるわが国の三大都市圏の住宅地の地価公示価格は一平方メートル当たり平均約七万一五〇〇円であった」(八七頁)。こうなると、日本は西ドイツの二〇倍も地価が高いこととなる。

もちろん、不動産の国際比較は、所有権や取引のあり方、習慣の違い等で単純に比較はできない。またスイスの代表的な銀行が集まるチューリッヒ市の中心部、香港、中南米資本の流入するごく最近のサンフランシスコ市やニューヨーク市マンハッタン地区、フロリダ州マイアミ市周辺……といったユニークな国際関係によって、地価が例外的に高い地域もある。発展途上国でも、産業活動が活発でなく資金がもっぱら不動産に流入し、意外に高水準となる例がある。リオデジャネイロのビジネス地区、カルカッタの低所得者居住区等は意外に高価である。

しかし一般に、日本の都市における不動産事情は、やや印象的に拡大すれば、国際的常識からみて物件当たりの広さにおいて一〇分の一、価格において一〇倍といいたい。とくに問題の中心は宅地である。その購入価格と建物の建築費との比重は、欧米では一般に一対三(カナダで一対四から五)と後者が大きいのに、日本は一対一かむしろ前者が大きかろう。日本の宅地は市民にとって信じられない悪条件にある。

不動産をめぐる神話

「日本の不動産は市民からみて悪条件下にある」といえば、すぐ、「そんな外国の話は聞きたくない。日本は狭い国土に人間が多いから止むをえない」と考えがちである。だがこれは本当だろうか。

農地・山林や砂漠を別とし、都市部についてみると、この説は論理的でない。パリやアムステルダム等の多くの地域は、場所により人口密度は一平方キロメートル当たり五万人、六万人となり、東京や大阪等の人口密度よりはるかに高い。また他方日本の大都市のまさに中心部分や、やや周辺の駅前が、広い空地でペンペン草が生えていたり、そこに大きなゴルフ練習場があったりする。こんなぜいたくな空閑地は、欧米の都市では考えにくい。あるいは、「日本人は貧しいから、狭い土地で小さな家に住むのもしかたがない」との考えもあった。しかし一昔前ならいざ知らず、いまこれも通用しない。日本の経済力が、先にのべたごとく、これほど世界に進出しているのだから。

それどころか、事態は反対である。海外で「日本の都市では、こんな狭小過密地域でも、住宅は一五万ドル、二〇万ドルもする」と説明すると、必ず先方からはねかえる言葉は「そんな小さな家に、そんなに大金を出して買えるとは。日本人はみなお金持で資金の過剰に困っているのですね」。

海外から日本を見る外国人に、こうした庶民の住宅の実状を説明するのが意外にむずかしい。相手は、一方で高級土産品を買いまくる日本人団体客を目にし、他方で日本製カメラ、高級ステレオや高性能自動車のわが町へのすさまじい進出を見ているのであるから。日本の都市における不動産、とくに宅地をめぐって海外経済に類をみない何かユニークな要因があるに違いない。現状を知るため、日本経済の発展

表1·6　家計貯蓄率
（可処分所得にたいする比率）

	1971	1981
日　本	17.9%	19.8%
米　国	8.3	6.6
英　国	4.6	10.0
西ドイツ	15.8	9.9
フランス	13.5	11.3
カナダ	6.5	10.6

（日本銀行『国際統計比較』1983）

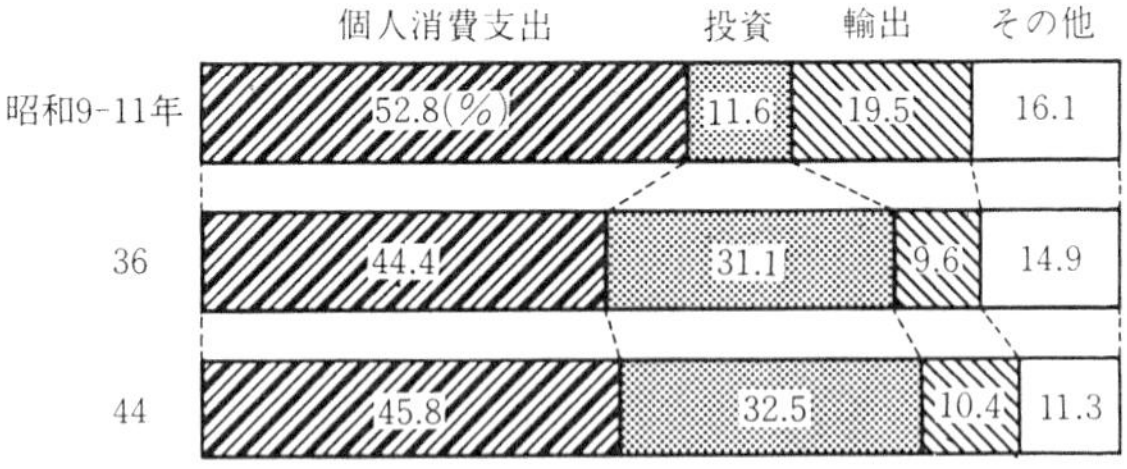

図 1・6　個人消費と設備投資の推移
（国民総需要を 100 とした需要別内訳）
（大内兵衛ほか『日本経済図説』（岩波新書）各版より）

が本格化した頃をふりかえってみよう。

地価をめぐる経済関係

まず地価形成をめぐる資金ぐりを見よう。日本国民は、よく働き、よく貯金をする。きわめて貯蓄率が高い（表1・6）。そしてこうして集まった金融機関の資金は、最近まできわめて重点的に設備投資にむけられた。一国の総生産を、支出面すなわち資金需要から、日本経済の高度成長期たる昭和三〇年代から四〇年代はじめについてみると、個人消費と設備投資の比重が、図1・6のようになる。当時の両者の比重が、米国や英国では後者が約四分の一（約六五％対一五％）であったこと、および戦前（昭和九―一一年平均）の日本自身の五二・八％対一一・六％からみても、いかに戦後に設備投資の急増があったか想像できよう。

右のことは、こうした日本経済のすさまじい発展期を通じ、資金が一般市民の消費者金融、とくに住宅金融にきわめてわずかしかまわされなかったことを意味する。昭和四〇年代前半をみると、表1・7にみるように一般のいわゆる民間金融機関は、住宅資金には一％までも資金が出ていなかったことを意味する。これは先進諸国からみると、表1・8にみるように

表1·7　民間金融機関住宅融資残高推移とその総貸出に占める比重

（金額：億円）

金融機関	昭和41年3月末			昭和43年3月末		
	総貸出残（A）	住宅資金貸出残（B）	B/A（%）	総貸出残（A）	住宅資金貸出残（B）	B/A（%）
都市銀行	110,873	79	0.07	140,149	246	0.2
地方銀行	56,236	189	0.3	78,300	705	0.9
{信託銀行 長期信用銀行 信託勘定}	52,310	59	0.1	72,121	378	0.5
相互銀行	27,125	124	0.4	36,917	333	0.9
信用金庫	24,856			37,122	743	2.0
計	271,400	451	0.2	364,609	2,405	0.7
労働金庫	867	259	22.9	1,399	536	38.3
農業協同組合	10,536	557	5.3	16,599	1,371	8.2
生命保険	13,890	—	—	18,913	33	0.2
割賦販売業		524		—	834	
計	25,293	1,340	5.3	36,911	2,774	7.5

（有斐閣『住宅問題講座第4巻』より）

表1·8　各国住宅金融の概要（住宅貸付残高）　（比率：%）

	日本		米国		英国		西ドイツ		フランス	
	（億円）	対総貸出比率	（億ドル）	対総貸出比率	百万ポンド	対総貸出比率	（億マルク）	対総貸出比率	（億フラン）	対総貸出比率
1. 政府関係金融機関	17,062	100.0	—	—	—	—	—	—	543	95.1
2. 民間専門金融機関	1,220	100.0	2,127	88.3	10,410	100.0	1,835	46.4	不明	
3. 商業銀行	21,506	3.0	520	15.3	375	6.0	124	8.5	不明	
4. 生命保険	1,632	3.2	414	43.1	1,172	46.6	165	42.7	不明	
5. その他	7,630	4.8	—	—	—	—	155	12.6	不明	
合計	49,050	5.2	3,061	45.4	11,957	62.2	2,281	32.4	1,793	33.0

（大蔵省『ファイナンス』昭和48年8月号）

注：民間専門金融機関としては不動産抵当銀行，組合的金融機関等．日本は1973年末，他は1971年末．

特殊例外的な形となる。政府関係金融機関をもふくめ、資金供給全体の流れにおいて、日本の住宅金融への資金供給は、高度成長のさかんな頃は、欧米先進諸国に比してまさに一桁少なかったといわざるをえない。それだけ大きな比重が設備投資にまわされ、生産活動（工場と本社のオフィス機能をふくめ）のための用地取得が続けられた。

これまでの理論を、財政をふくめて政府の説明すなわち国土庁『国土利用白書』（昭和五〇年）がよく整理しているので、やや論点のくりかえしとなるが、その要点を引用しよう。すなわちそこではやや最近までをとり、昭和三〇年から四九年までの国民総生産の規模は、九兆円から一三二兆円と一五倍にふえたが、全国の市街地地価は、この間二八倍に上昇したとし、

「景気の拡大が地価の上昇を加速化するのは、景気の拡大に伴って、企業の設備投資の活発化に伴う工業用地、商業用地需要の増大、公共投資の拡大を伴う場合における公共用地需要の増大、民間住宅投資の拡大に伴う住宅用地需要の増大等各種の土地需要が増大するとともに、景気の拡大が金融の緩和を伴う場合には、投資対象としての土地に対する需要も増大し、その結果、地価の高騰をもたらすためであると考えられる」（八九頁）

としている。

そして市街地の地価上昇の要因を順次あげるが、土地需要の第一要因として、左のような説明をする。

企業活動の拡大と地価上昇

「昭和三〇年代のわが国経済の高度成長は、民間企業の設備投資の拡張をその牽引力としていた。昭和三〇年度から三九年度の一〇年間に、民間企業設備投資の規模は……対前年度伸び率は平均して約二三%にも上った」（同九〇頁）。

こうした設備投資の拡大は都市における法人企業の用地需要を急増させたが、法人の用地取得の形をみると、

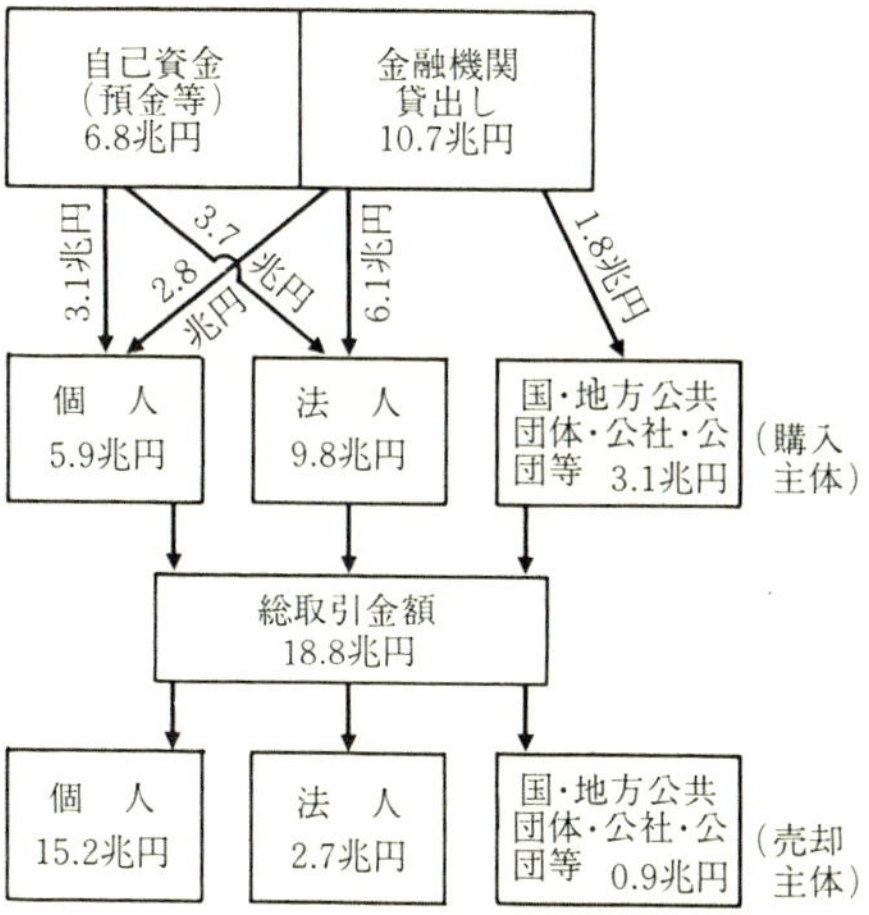

図 1·7　土地取引に伴う資金の流れの試算図（昭和48年）

（国土庁編『国土利用白書』昭和50年版より）

注：実線は資金の流れを示す．したがって土地はこの流れと反対に，売却主体から購入主体の手に移ったことを意味する．

「第一に……個人に比べ、一般的に資金の調達力が強く、とくに、景気拡大期に金融情勢が緩和している場合には、土地取得能力は、個人よりもはるかに大きくなり、地価の上昇を促す……。

第二に、企業にとっては、事業用地の取得費は、一般的に企業経営上さほど大きなコストとはなっていないため、地価の水準自体が企業の立地のもっとも基本的な阻害要因となることは、比較的少ないものと思われる」（同九一―九二頁）。

つまり市民には想像もつかぬ高い値段でも、企業はその土地を買って営業活動をすれば経済は成長を続けるし、十分採算がとれた。さらに同白書は企業に余裕資金が出た場合、それがインフレ・ヘッジとして、投機的に土地購入に向かう例が多いとし、オイルショック前の土地急騰の資金ぐりを図1・7のごとく示す。

公共投資の拡大

続いて、地価引上げの第二の要因として同白書は、公共投資の拡大をあげる。すなわち、

「公共投資は住民生活や生産活動との関連において行われるものであるが、大規模な用地取得の場合には、土地を売り渡した者が新たな代替地を求めることが多いこともあって、公共投資関連の土地需要は、全体の土地需要のうちでかなり大きな部分を占めている。……公共投資は一般に、公共投資がなされた地域の周辺の地域の土地の効用を増大させ、その結果、土地の価格を上昇させるということになる。たとえば、ある地域に鉄道が敷かれたり、道路が建設されると、その地域の利便性が増大し、地価が上昇する。……こうした公共投資に伴う土地の値上り益の大部分がその周辺の土地所有者に帰属しがちであることが……土地の資産価値の増大をめぐる問題の一因となっている」(同九五頁)。

こうして、大規模な公共用地取得にたいし、それを売りわたした者(特に土地がそのまま生活手段である農民)がさらに連鎖反応的に周辺のより広大な土地の買漁りにむかい、公共投資に伴う土地の

値上がり益の大部分が投機家や周辺の大規模土地所有者に帰属することとなる。また埋立てなどで土地の供給が一単位ふえても、それに応じて需要が三単位、四単位もふえてしまう形になる。

まことに宮本憲一教授の研究によれば、戦後日本財政の最大の特徴は公共投資中心にあり、それは一九七七年をとれば国内総生産の五・六%に達し、絶対額でも円換算すれば、米国とフランス二国の合計額、あるいは英、仏、西ドイツ、イタリア四国の合計額に匹敵するほど多い。そしてとくに日本のばあい、高度成長期の公共投資は、交通・通信手段を中心に産業基盤の強化に重点が置かれた(2)。

表1·9　住宅地の圏域別地方別平均価格

（平均価格の単位：円/m²）

地方別	平均価格	指数
東京圏	154,400	100
大阪圏	133,900	87
名古屋圏	73,000	47
北海道地方	35,200	23
東北地方	44,500	29
関東地方（東京圏を除く）	41,700	27
北陸地方	56,400	37
中部地方（名古屋圏を除く）	52,400	34
近畿地方（大阪圏を除く）	56,500	37
中国地方	53,600	35
四国地方	63,300	41
九州・沖縄地方	49,000	32

（国土庁『昭和57年地価公示のあらまし』より）

企業の購入した土地の周辺に道路・港湾・工業用水道等々が整備され、おかげでそうした土地の値うちは高まった。その周辺に働く若者が集まり、マイ・ホームを持とうとひしめく。先にのべたように貯金は懸命にするが、なかなか必要な頭金にまで達せず、住宅資金の融資は容易に受けられなかった。この点米国の一九七三年頃までをみると、普通、住宅購入必要資金（それ自身が相対的に安い）の一割ほどたまると、貯蓄銀行等から容易に抵当融資が受けられ、マイ・ホームが建てられ、

表 1・10　三大都市圏の距離圏別平均価格と対前年変動率

距離圏 (km)	東京圏		大阪圏		名古屋圏	
	平均価格 (円)	変動率 (%)	平均価格 (円)	変動率 (%)	平均価格 (円)	変動率 (%)
5未満	472,600	7.5	177,600	8.6	118,200	8.5
5-10	327,300	6.1	170,000	9.4	100,400	7.9
10-15	255,400	5.8	151,300	9.6	85,300	7.5
15-20	188,200	7.1	138,800	9.5	59,500	8.0
20-25	159,900	7.4	118,000	9.8	51,400	8.1
25-30	141,900	7.5	90,500	9.2	46,100	7.6
30-35	118,400	8.0	108,800	9.7	54,400	7.6
35-40	100,800	8.1	111,600	8.9	43,000	7.9
40-45	94,400	7.9	143,400	9.1	—	—
45-50	89,700	8.0	146,800	9.1	—	—
50-60	84,200	8.0	39,300	7.4	—	—
各圏平均	154,400	7.4	133,900	9.3	73,000	7.9

（資料は前表と同じ）

それほどの負担感なしに長期・低利でローンの返済ができた（そのため郊外への開発とひろがりが進みすぎたという問題もその後起きたし、また最近金融事情は大きく変わったが）。若夫婦にとって住宅は容易に入手できた。英国でも庶民の住宅金融機関が大きな働きをし、税制上の優遇もあった(3)。

等地価線図

毎年、国土庁により、その年の地価公示が行なわれ、最近も圏域別の住宅地価格が表1・9のように示された。日本の人口の半分近くが住む三大都市圏の宅地価格は、平均公示価格として見ても、やはり相当に高い。

この三大都市圏の住宅地価格について、さらに詳しく中心地からの距離圏別にそれぞれ平均価格が表1・10のように示されている。つまり表によれば、東京を例にとると、東京駅を中心に五キロ圏内では一平方メートル平均五〇万円近くするものが、一五キロ圏辺りで二〇万円、三五キロ圏辺りで一〇万円と漸減する（実際の購入価格はこれより数割高いとされる）。しかし宅地価格上昇の前年との変動率をみると、一〇キロから一五キロ圏内がやや頭うちにたいして、三〇キロ圏より外側の値上がり率が高い。つまり一五キロ圏以内は市民にとってすでに高価すぎ、まだそれより安価な三〇キロから四〇キロ圏といった外側がむしろ買い争われている形を示す。

右の状況をより具体的に示すものとして、地価分布図としての等地価線図がある。一平方メートル当り五万円以上、一〇万円以上と図に示したものであるが、要するに地図のいわゆる等高線図と似ており、東京圏をみると都心部から山の手線沿線内を最高とし、周辺に順次価格が下がるが、鉄道線路沿いに高地価が蛸《たこ》の足のようにのび、とくに駅周辺の高地価部分がその疣《いぼ》のようにひろがる。つまり土地の価格は、都市中心部への通勤時間の分布図（東京駅への等時間帯図）とほぼ一致する。大阪圏、名古屋圏等についてもほぼ同じである。

土地所有の形

こうして大都市中心部の地価がきわめて高くなる原因の根本はなにか。そこに経済活動の中心をなす官庁・オフィス街が集中し、昼間における雇用の場の中心となっているからである。特にその著しい東京の形を、その都心三区における土地所有のあり方についてみよう。

表1・11 千代田・中央・港三区の面積規模別所有者別民有地所有状況

区分	個人				法人				合計			
	所有者数	構成比	面積	構成比	所有者数	構成比	面積	構成比	所有者数	構成比	面積	構成比
	人	%	千m²	%	人	%	千m²	%	人	%	千m²	%
50m² 未満	10,014	24.63	351	5.19	901	8.28	31	0.33	10,915	21.18	382	2.36
100m² 未満	12,828	31.56	932	13.77	2,008	18.46	150	1.60	14,836	28.79	1,082	6.70
150m² 未満	6,235	15.34	760	11.23	1,442	13.25	178	1.90	7,677	14.90	938	5.81
200m² 未満	3,500	8.61	604	8.93	1,049	9.64	183	1.95	4,549	8.83	787	4.87
300m² 未満	3,288	8.09	799	11.81	1,361	12.51	333	3.55	4,649	9.02	1,132	7.01
500m² 未満	2,628	6.46	1,001	14.79	1,415	13.01	545	5.80	4,043	7.85	1,546	9.57
1,000m² 未満	1,481	3.64	1,014	14.98	1,231	11.31	863	9.19	2,712	5.26	1,877	11.62
2,000m² 未満	506	1.24	675	9.97	690	6.34	969	10.32	1,196	2.32	1,644	10.18
5,000m² 未満	144	0.35	419	6.19	487	4.48	1,479	15.75	631	1.22	1,898	11.75
10,000m² 未満	22	0.05	143	2.11	156	1.43	1,086	11.57	178	0.35	1,229	7.61
10,000m² 以上	5	—	69	1.02	140	1.29	3,572	38.04	145	0.28	3,641	22.54
計	40,651	100.00	6,767	100.00	10,880	100.00	9,389	100.00	51,531	100.00	16,156	100.00

（『土地関係資料集』(1980) 東京都より作成）
注：千代田区・中央区・港区三区合計.

すでに明治期から永田町・霞が関辺りが官庁用地となっており、民間用地も丸の内[4]から日本橋・銀座とオフィス街になっている。そしてそれらの用地に、戦後それぞれ壮麗なオフィスビルや超高層ビルが建てられてゆくが、これら民間用地を都心三区（千代田・中央・港）について所有規模別にみると、表1・11のようになる。厳密には物件ごとに名寄せをしたり、系列関係会社分を合計したりしなければなるまいが、あらまし以下のようになる。

すなわち、二〇〇〇平方メートル以上所有の法人八〇〇弱が六一四万平方メートルを所有している。すなわち一六平方キロ余の民有地の四割近くを所有する形だ。他方、土地所有者の数の上での大部分をなす三万人ほどの個人が、全体のわずか一割強の面積をそれぞれ一五〇平方メートル以下の零細な規模で所有している。これは隣りの新宿区も似た形である。少数大株主と多数の零細株主からなる大会社の株式所有の形に似ている。

都心部の官庁用地と大口法人用地は、鉄道・地下鉄・道路網といった公共施設の充実により、その値うちを大きく増し、地価は世界最高水準へと高まった。その超近代的オフィスビルの整備・増設により、ますます多くの人口が働きにそこに集まる（昼間人口が増大する）。したがって、かりに日本の大都市の周辺に無限の緑野か砂漠がひろがり、土地の供給がそこに無限にあったとしても、大都市中心部の地価はやはりますます高い水準となる。地方中心都市においても類似の形がみられる。

昼間都心で働く人々は、そこの地価があまりに高くて住めないため、能率よく走る満員電車に揺られながらも、より遠くより安い地価の郊外へむかう。マイ・ホームの入手を夢に、必死に貯金をしながらそこに土地を求めるのである。ところがそこには、無人の緑野や砂漠でなく、きわめて日本的な農地がひろがっている。

農地価格のあり方

先にのべたように、戦後の農地改革で、多数の零細規模の自作農（マイ・ファーム）が創設された。そこにおける農地は、営利を求めての大規模生産のためというより、多分に家族の生計維持のためあるいは兼業用という色彩をもつ。土地を手離せば生活手段を失うし、会社に入ろうとしても終身雇用制だからなかなか中途で採用してくれない。こうしてその地価は、毎年そこから創出される利潤を資

表1・12　カナダの主要都市における住宅総経費に占める用地費の比重（庭つき一戸建て，1973年）

都市名	平均住宅総経費（カナダ・ドル）	用地費の比重（%）
トロント	36,218	37
バンクーバー	36,067	35
ハミルトン	35,370	39
エドモントン	30,924	25
カルガリ	29,281	26
ウィニペッグ	27,176	23
ケベック	21,402	14
モントリオール	20,686	10

(Peter Spurr, *Land and Urban Development*, Toronto, 1976より)
注：標準用地面積は1,000m².
当時の1カナダ・ドルは邦貨約310円.

本還元した額よりはるか高めとなり、国際的にもきわめて高額となっている(5)（このことは、日本農業における経営規模の拡大、生産性向上への方向を困難とさせる）。

さらに右の事情とインフレが続いてきたことが重なり、農民は二重三重に農地を手放したがらず、「農地の転用価格は農業地代にはほとんど影響されず、もっぱら需要者側の支払い能力に依存することとなり、価格を上昇させる誘因が強い……」（前掲『国土利用白書』九三頁）。

こうしてきわめて日本的にユニークな現象、すなわち同じ土地でも農地から宅地に転換された際に大きく価格が飛躍するという現象がある。もちろんロサンゼルス郊外の果樹園をとっても、宅地化すると、そこの地価は大きく上昇しているが、それは、道路、上下水道をはじめ各種居住公共施設を充実させるための造成費用が主内容をなす。日本では一般にこの造成費用部分がきわめて小さい。

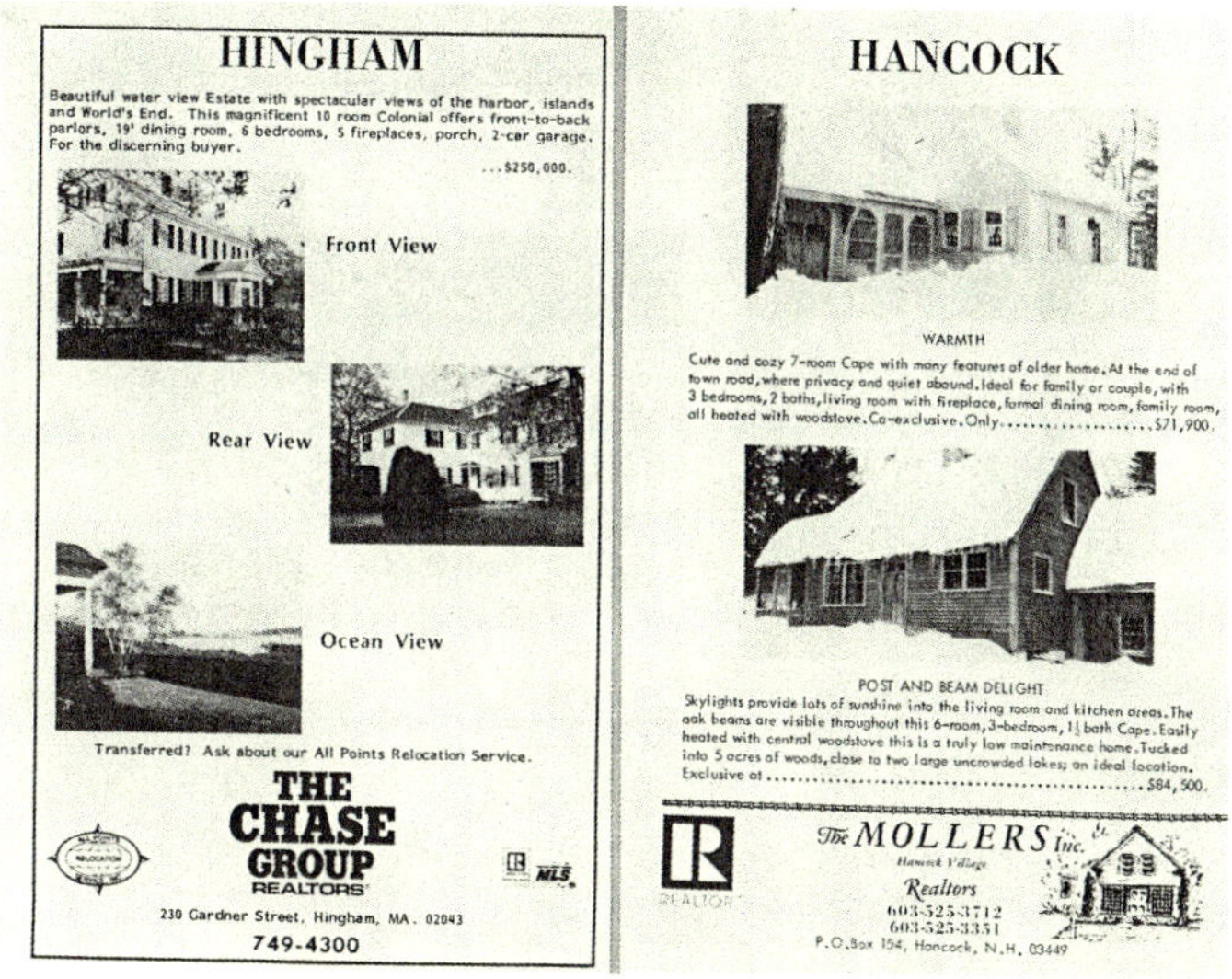

ボストン近郊の不動産広告．環境の説明が中心．

以上のような結果として、一般市民にとって単位面積当たりの宅地価格は、家族として居住しうるギリギリの最小面積を分母とし、家計が貯蓄やローンなどで動員しうる最大限の資金からそこの住宅（いわゆる上物《うわもの》）の建築費をさし引いた額を分子として得られる額――となる傾向をもつ。

一般にその都市において標準的なマイ・ホームを建てる総経費のうち、用地費の占める比重は、先にものべたように欧米諸都市では二割から三割台が常識例とされ、とくに用地費の内容としては関連付帯施設の造成費が主を占める。カナダの主要都市部別に標準一戸建て（日本式に表現すれば庭つき）の例を示すと、表1・12のごとくになる。カナダ全体の都市部平均では一九七一年二四％、七三年二〇％であった（なおこの場合標準用地面積

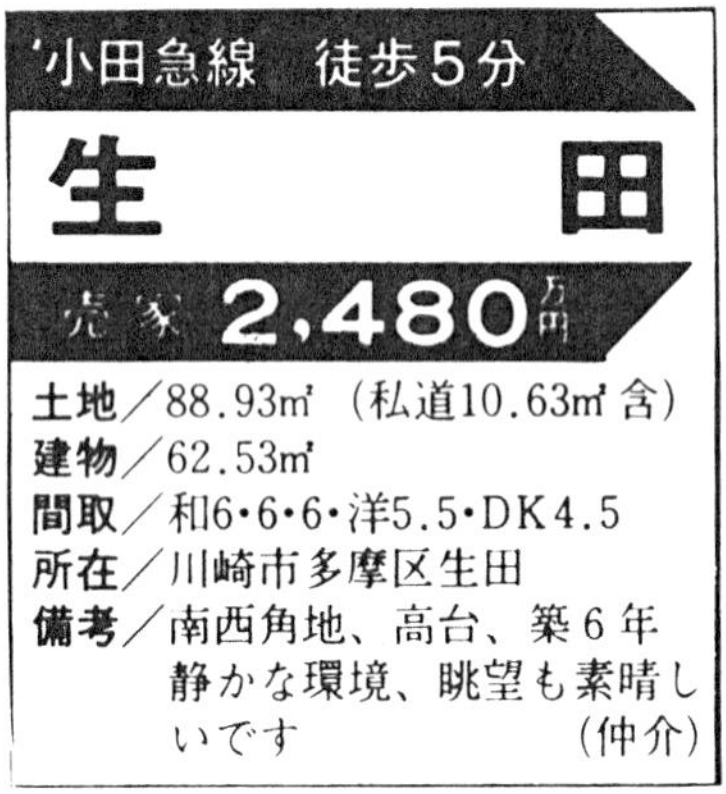

日本の不動産広告では「駅から何分」ということが最重要視されている．

は四分の一エーカーすなわち一〇〇〇平方メートルである）。

日本の場合、不幸にして右の用地費負担が普通五割ないし六割以上を占める。それだけまた上物へまわす資金が少額となり、宅地はより狭く、建物が零細粗悪となる。こうして関連公共施設やオープン・スペースの緑地を欠く郊外の宅地が、ひたすらより小さく零細無秩序に分譲され、そこへより小さい住宅が密集して建ち、庭がかりにあるといっても小さな盆栽しか置けない名前だけのものしか残らない形となる。結果として、狭小過密の住宅地域が、都市周辺へと限りなくひろがる。

海外大都市の不動産広告に出てくる最初の字句は何か。大都市中心部のアパートで、「地下鉄の駅に近い」といった句のあることもあるが、一般は「環境」である。緑が豊か、海が見える、森が近い……である。最近のボストン近郊の一戸建て分譲広告例を写真に示す。また時に物件の地域だけで、いきなり部屋数（寝室いくら、ガレージ……）が出てくることがある。この「所在地域」に大きな意味のこめられることが多い。日本でも関西では芦屋、宝塚とか、東京の麴町あるいは田園調布といった名前自身で、その地域の特性を示す場合がある。欧米の場合、場所自身が、すでに環境、とくに歴史的環境、その地域の社会的な格式、関連公共施設の充実等を意味することが多い。パリでは、凱旋門（エトワール）周辺のアパート、ニューヨークでは五番街のセントラル・パークの近く、あるいは北の郊外のハーツデール、スカーズデールといった地域がとくに格式が高いし、ロンドンでは歴史的に関連深い地域が格式を重んじられる。

つまり、地域の歴史文化的立場からみたいわゆる由緒ある土地、そして緑やオープン・スペースがあり居住条件がよいか否か……といったあらゆる意味での環境が第一にくる。

したがって日本の都市のような等地価線図は成立しえない。またこうした思想やあり方から、資金の相当部分が都市の環境を改善し、公園や自然のオープン・スペースをふやし、緑を豊かとし、歴史的環境を保全する方に投入される。

ところが日本のばあい、都市中心部に集積の利益を求めて集まったオフィス・ビルを、さらに高層・壮麗なものとし、その活動が便利になるように関連公共施設を整備させる方向に資金は動員されるが、市民の日常生活の居住条件を豊かにする都市周辺の環境改善には資金の動員は大きく削られてきた。市民はひたすら「都心へ通勤何分、何時間」を条件として不動産を購入し、そのための住宅ローンを返済するため、また二重三重によく働く（否、働かざるをえない）。

こうした経済効率第一、能率第一の日本的都市のあり方を、さらに決定づけるものが、通勤交通のあり方である。

（1）　玉川学園『玉川学園五〇年史』一九七九年。

（2） 宮本憲一「現代日本財政の基本構造」『今日の日本資本主義』第五巻、大月書店、一九八二年。
（3） 通商産業省住宅産業室編『欧米諸国の住宅政策』一九七三年等が当時の事情の参考となる。
（4） 三菱地所『丸の内今と昔』冨山房、一九四〇年。その他『千代田区史』『中央区史』等が参考になる。
（5） 拙著『現代都市論』初版、東京大学出版会、一九六七年、一六四頁。

3 高能率交通の背景

交通技術最高の日本

日本の都市をめぐる交通技術は、世界最高水準にある――私はそう固く信じていた。関西で何本もの私鉄、国鉄が平行して京都、大阪、神戸の間を能率よく走るさまは、海外に例をみない。一〇輛編成の快速電車が四〇〇〇人近くの通勤客を、二分一〇秒間隔で、プラットフォームに交互にはこんでくる中央線新宿駅、そしてそこはシンガポール一国の全人口にあたる乗降客を毎日もつ。これはまさに天下の壮観である。ここに来る民間鉄道は、同一線路上を特急、急行、快速、準急、普通、そしてノン・ストップと幾種類もの電車を複雑に、かつ鮮やかに走らせる。世界最高の技術だ。

一九七二年一一月、東京都主催の世界大都市会議が東京で開かれ、ロンドン、モスクワ、ニューヨーク、パリの各市の最高首脳が一堂に会した(1)。当時、都の企画調整局長だった私は、その企画担当者として、大いに興奮し感激した。開会第二日、朝の通勤ラッシュ時、一行を新宿駅に案内した。「これだけ多くの通勤客を、これだけ短時間にうまくさばく交通技術は、世界のどこにもあるまい」

——案内する私は得意満面であった。

と、プラットフォームに入る満員電車をのぞいていたロンドン代表の婦人が、こう小声で叫んだ、

「鰯の缶詰めが走るようだ」。

それを聞いた私は、その場でその真意をはかりかねていた。

どちらが進んでいるか

「鰯の缶詰め」発言が、妙に耳にこびりついたまま、その後ロンドンに来て、地下鉄に乗ってみた。

座席に肘掛《ひじかけ》のあるロンドンの地下鉄

大変遅れている。日本のどこにでもあるような一〇〇〇円札を入れて金額のボタンを押すと、切符と釣り銭が出てくる自動販売機——およそ簡単などこにでもあるものと思っていたが、海外に出てみると、日本のこれは相当精巧なものである。一〇〇〇円札を裏表、前後どう入れてもよいし、何台ならんでも故障中というものは少ない。まして運転そのものの中央司令室からの制御、安全の確保、その他

あらゆる最新技術を日本の地下鉄はもっている。世界最高と誇ってよい。

　ロンドンの地下鉄を右のような日本の眼から見ればかなり古く見える。われわれはこれに学ぶものなど一つもないと思いこんでいた。すると、こんな車体に出会った。座席に「肘掛《ひじかけ》」が出ている。なんと立ち遅れて古くさく、能率が悪い邪魔なものがあるものか、これを取りはらえば、もう一人や二人多く座れるのにと思いながら座ってみた。ところが、実に楽である。ゆったり座った気分がする。乗客が楽なようにつくられている。人間のために地下鉄がつくられている気がしみじみした。この肘掛そのものが、「なぜ日本ではそう大勢詰めこもうとするのですか。人間と電車とどちらが偉いのですか」と私に問いかけてくる気がした。

　気がつくと今度は吊革《つりかわ》がない。日本の電車なら皆立派な吊革が少なくも一〇〇本以上ならび、乗客はその輪をたよりにすがりつき、いっしょうけんめい満員電車で倒れないようにする。しかし、この古びた車体にはそれがなく、粗末な木の棒がわずか片すみに数本ぶら下がっているだけである。

「どうしてこの地下鉄に、しっかりした吊革がたくさんないのか」と知人の教授に訊ねたら、「どうして日本の都市の電車や地下鉄には、そんな立派で丈夫な吊革の輪がたくさんならぶのか」と逆に訊ねられた。「満員電車に一時間も一時間半もゆられながら通うには、目の前にある吊革をしっかり握らなければならないではないか」と答えると、「それは非人間的だ。どうしてそんな長時間、満員電車にゆられねばならないのだ。日本はもう世界に進んだ豊かな国だろう。そこの人間なら乗物にはゆっくり座れるべきである。ただわれわれのばあいも駅に止まる前に席から立ったり、出口まで歩く時、身体を支える必要があるから、木の棒が下げてある」との返事であった。

もちろんロンドンでもラッシュ時には満員となるが、それも一般の乗客にとって短時間乗る例外的なもので、電車はどこまでも人間が楽に乗るためにあると考えられ、つくられているのだ。.サンフランシスコの地下鉄に当たる湾岸高速鉄道（BART）には、床にジュータンが敷かれ、荷物を乗せる網棚がない。荷物を置く網棚がないとは、なんと不便な設計かと思ったが、よく考えると、そんな重い荷物を担いで通勤するなどという非人間的なことはありえないという思想に貫かれているようだ。吊革もない。

ストックホルムの地下鉄で、ラッシュ時ではなかったが、乳母車に赤ん坊をのせたまま車内に入ってきた母親を見ておどろいたことがある。よく考えると、なるほどこの方が楽だ。自転車を車内に持ちこめれば、日本の駅前の放置自転車問題も大きく変ろう。

日本の都市交通における世界最高の技術、それは、少しでも多くの人間を「鰯の缶詰め」よろしく、大勢詰めこみ（それだけ座席を減らし、吊革をふやし）、少しでも速く、より遠くへ送る点においてではなかろうか。

トマス・モアの『ユートピア』（一五一五―一六）(2)は、夢の理想郷を書いたものとされるが、都市に関連した部分には、意外に一六世紀当初のロンドンの実状を冷静に観察して書いたと思われる部分が多い。そして住宅等他のことがいろいろ書かれているのに、都市交通の記述が少ない。それは当時の交通機関が未発達だったからと単純にみなす説があるようだが、実際は哲学的に深い意味があったと思われる。すなわち、よい都市交通とは、市民がそう大勢が長距離を走りまわることではなく、むしろ各地域の文化機能が充実されていて小さい範囲の移動で（遠くにいかずに）、日常の生活要求が満たされ、生活できる状態を望ましいとしたようである(3)。

それにしても、この日本の大都市さらに地方都市でも、大勢が毎日満員のバス、満員の電車にゆられ、混雑がくりかえされるのは、日本の都市に特別人間が大勢いて、遠くから通勤してくるので、しかたないのであろうか。日本は貧しいから……はもう説明にならない。それならば、どうしてこう遠距離通勤者が多いのか。

一点集中型交通網

世界の大都市の市民の足、地下鉄に注目し、その運転路線図を比較してみよう。

東京の営団地下鉄は、今、郊外民間鉄道との相互乗り入れで、千葉県、神奈川県等のかなり遠く離れた地域からも乗客をはこび入れる形となっている。そしてそれらの路線は市内のどこに入ってくるか。それをたどると、すべての路線は、日比谷、銀座、日本橋、大手町の各駅を結ぶ四角の線（これら各駅相互のプラットフォームの間隔は一キロメートル前後）に入ってくる形だ。いくつかの線が、永田町、霞が関の官庁街を通る。そしてすべての路線が、右の中心商業・オフィス地区（Centlal Business District――CBD）に集まってくる、正味一平方キロメートルぐらいの狭い区域にである。都営地下鉄も三田線は同じくそこを通るが、新宿線と浅草線がわずかこのCBDの外側を抜ける。いずれにしても、東京全体からみる時、交通網は極度に一点集中の形をなす。大阪・名古屋さらに地方中核都市もやはり似た形をもつ。

ロンドンでも、各地下鉄線が中心部に集まってくるが、先の東京の全路線が集まる区域にあたる部分をとると、およそパディントン、グロスター、モニュメント（記念碑）、バービカンといった四駅をかこむ区域内に集まってくる形だ。しかし、この区域は、東西約八キロメートル、南北三キロメートルで二五平方キロメートルほどの広さになる。事実ロンドンの首都機能をみても、バッキンガム宮殿から首相官邸、国会……といった政治関係の中心部と、いわゆるシティの金融・経済の中心部とが、六ないし八キロメートルほど離れ、この間に機能がかなり分散している。

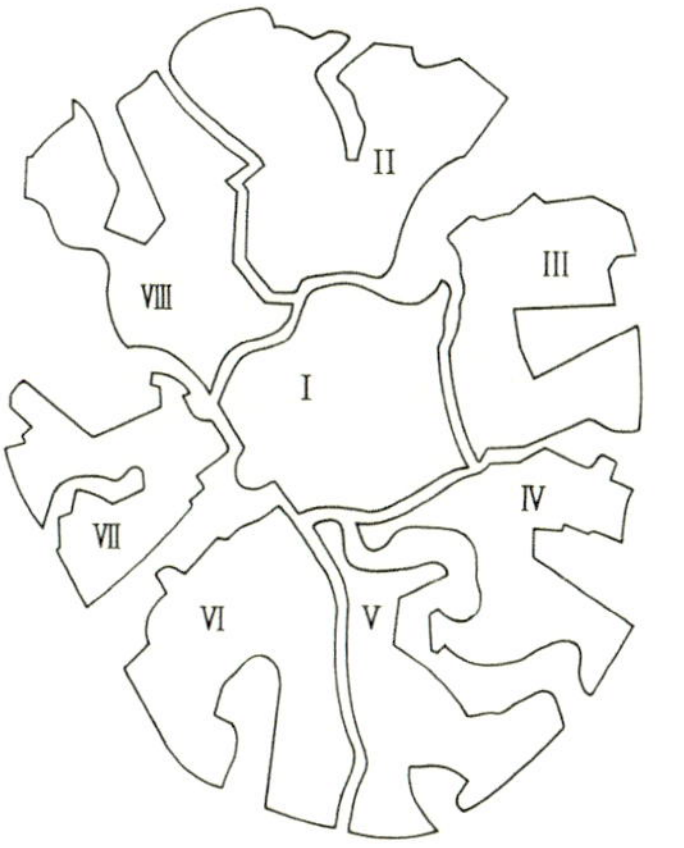

図1・8　8都市区域からなるモスクワ

パリはどうか。パリの地下鉄路線は、およそ一点に集中してこない。いちばん主軸はシャンゼリゼー街沿いにコンコルドからエトワール、そしてデファンスへと延びる線だが、それに各線が交錯したり、迂回したりしている。市の中心的機能が先の主軸にそって分散するためだ。

ニューヨークの地下鉄は、座席、吊革（金属性）……のあり方が日本に似ているし、派手な色の落書きの氾濫には閉口である。しかしその路線をみると、主な流

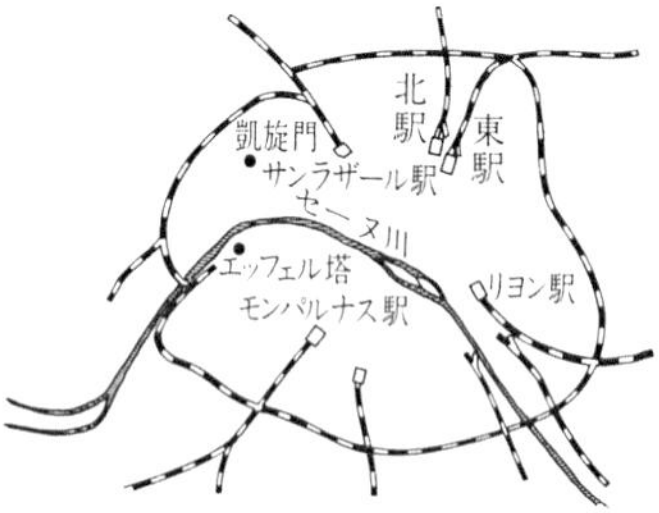

図1・9　パリの駅

れは、マンハッタンやブロンクスの北から南下してマンハッタンの中部四二丁目辺りをブロードウェイやレキシントン街に沿って帯状に平行して走り、それぞれ南端チェンバー通りやウォール街近くに達して東に曲り、ブルックリンに向う形である。

モスクワはどうか。一見、地下鉄各路線が中心部のレーニン図書館から革命広場へ集中してくる形をとっている。だが基本前提が大きく違っている。日本では、大都市のみならず地方都市でも、朝のラッシュ時にはどの交通機関も中心方面へ向う車両やバスがみな満員であり、反対方向が空いている。だがモスクワのラッシュ時は、両方向とも混んでいる。道路網その他東京に似ていて、地図をみるとすべてはクレムリン宮殿中心とみられているが、実際は市当局の説明によれば、図1・8のごとく人口がそれぞれ約一〇〇万の八つの都市区域から成りたち、各都市が独立の完結した機能をもつようにしている。したがって建て前としては、通勤交通はめいめい自分の都市区域内となる。朝、人々が、あらゆる違った方向に働きに出る形となるわけだ。無駄が少ない。もっともボストンとかサンフランシスコといった中規模都市になれば地下鉄の本数は少なく、それらは一点に集中している形をもつ。

交通の大中心・東京駅

東京の地下鉄路線網が、霞が関から丸の内、とくにその一角一平方キロ前後に集中しているとのべた。この日比谷、銀座、日本橋、大手町を結ぶ区域のさらにまたその中心に、日本の交通の大中心たる東京駅がある(4)。通勤交通の主役を大都市で担うのは、民間鉄道、地下鉄と国鉄である。とくに東京では、民間鉄道が国鉄山手線の外側の郊外で乗客を扱うのにたいし、国鉄は山手線のほか中央線、京浜東北線といった大動脈をもつ。そしてこれら――というより日本の鉄道交通全体――の中心として東京駅がある。

世界の大都市における鉄道路線をみると、東京駅の存在はまことにユニークである。どの大都市も、外からその都市の入口まで来て、そこが終着駅となる。ロンドンでは、北から入ってきた各線はキングズクロス駅やユーストン駅、西からはパディントン駅、そして南からはビクトリア駅やウォータールー駅がそれぞれ終着駅である。

パリでは図1・9のように、南西方向からの路線はモンパルナス駅、南東からはリヨン駅、北西からはサンラザール駅……が各終着駅となっている。ニューヨーク市では、ワシントン方面からの路線はニュージャージー州からハドソン河の下を通りマンハッタンに入ったところで三四丁目のペンシルバニア駅となり、北からくる路線はマンハッタンを四二丁目まで南下してグランド・セントラル駅で

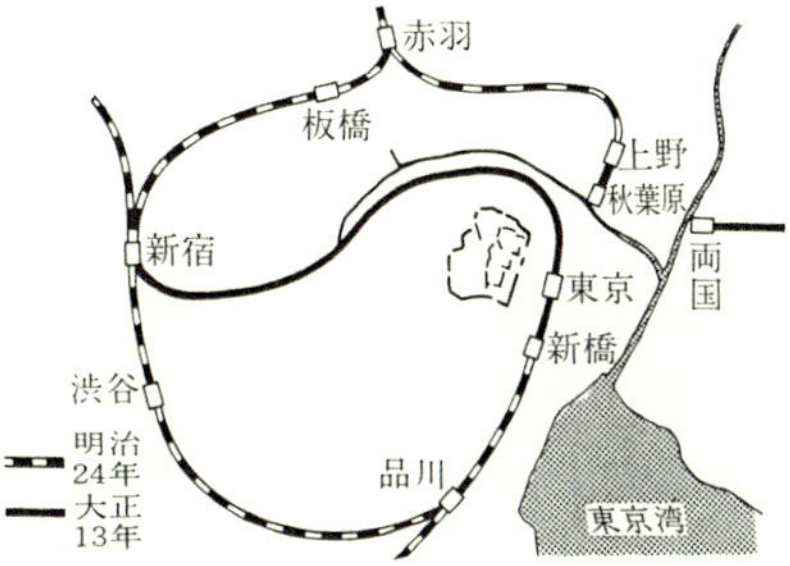

図1·10　東京の旧鉄道路線

終わる。

東京も明治中期（二四年）の地図をみると、東海道線は新橋駅、東北線は上野駅、中央線は新宿駅がそれぞれ終着駅（後に総武線が両国駅）となっている（図1・10）。それらがすべて東京駅につながれ、山手線の循環走行が完成するのは意外におそく大正の末（一四年）である。東京駅建設の計画そのものは、そのはるか前の三菱ヶ原（後の丸の内オフィス街）の始まる明治二二年ないし二三年にまでさかのぼるが、実際の開業は大正三年であり、先の大正末で名実ともに国鉄の東京のみならず全国路線を支配する中枢駅となった。すべての道はローマに通じたが、日本ではすべての鉄路は東京駅に通ずる形である。こうした形、そして山坂を下っても東京駅方向へ進めば「上り」、その反対が「下り」という形——は、世界の大都市でも、まことにユニークな存在である。

なお都市の交通機関に道路（自動車）の比重は大きいが、東京をはじめ大都市、地方中心都市の道路網もやはりすべて都心部中心になっている。

働き手と職場

サンフランシスコ周辺の不動産市場の近況を見よう。同市の南方で最近急激に開発されるシリコンバレー辺りはもちろん、やや郊外の環境のよい地域に新しい成長産業の工場・研究所の進出が続き、そうした地域の地価が急騰しているという。これからの成長産業——精密頭脳産業・情報産業の発展の使命は、どれだけよい人材を確保できるかにかかっている。そしてよい人材は、少しでも条件のよい——住み心地のよい会社へ容易に移る。そのため企業（職場）は、よい人材の住む近くへ進出しなければならない。その方が一歩他社を追い抜ける。サンフランシスコのみでなく、全米そして先進諸国では、こうした傾向が強い。市民は能力に応じ、しばしば勤め先を変える。会社が遠くになれば、単身赴任などせず、近所にある別の会社に移ることも多い。他方また会社としては、よい人材の住むところへ、工場（研究所）やオフィス——雇用の場——を移し新設する。こうして、職場が人間（人材）をめざして移り、それに応じて都市の形も規定される。日本の都市をみると、東京を例としてその地下鉄、国鉄路線網にみたごとく、昼間の職場（とくに中央の政府と大会社）が極端に都心部に集中している。そしてそこに日本的にユニークな制度——「終身雇用制」がある。よき人材も、一度就職すると、そこが「ウチの会社」となり、一生涯の忠誠をそこに尽くすのが原則とされてきた。会社——雇用の場——のある所へ人間が通ってくる。社宅の制度もこの論理の上にある。

　昔あった封建制とは、武士・農民が生涯同じ主君に仕え忠誠を尽くすシステムであった。農民は土地に緊縛された。そして産業革命、近代工業の出発とともに、働き手はすべて自由となり、そうした制度はなくなったという。しかし日本の都市では、働き手は身なりこそ立派な背広に身を包み、クォーツ腕時計、高級電卓……を携えており、世界最高の技術を尽くした精密運行の電車に乗りこむのだが、やはり狭い家から出て、電車には缶詰めの中の鰯のように詰めこまれて長時間吊革にしがみつき、都心にある「ウチの会社」へ封建領主に仕えるごとく、終生忠誠を尽くし、定年まで通い続けるのだ。

　日本の都市では人間が大勢いるから、自分の住むマイ・ホームは狭く、人間が大勢いるから長時間満員電車にゆられるのだ――と単純にはいえないようだ。実はそれは日本的ユニークさの要因が多く重なって起ったのである。

これまでは、そうしたユニークさが重なり、多くの都市機能や職場が便利に中心部に集積し、接触の利益や能率のよさを最大限に享受した。元気な若者が、狭いマイ・ホームを早朝飛び出し、満員電車にも長時間よく頑張り、都心の「ウチの会社」へ真一文字に駆けつけ、給与は低くとも明日の発展・成功を期待しながらひたすら働いたのである。大都市はこうしてますます発展し、日本経済も世界にめざましい成長をとげてきたのである。

（1） 東京都『世界大都市会議報告書』一九七三年、は、参加各都市の都市事情を伝えている。
（2） トマス・モア、平井正穂訳『ユートピア』岩波文庫、のとりわけ第二巻二章「都市、特にアモーロート市について」参照。
（3） この点さらに、ルイス・マンフォード、中村純男訳『現代都市の展望』鹿島出版会、一九七三年、の特に「ハイウェイと都市」等参照。
（4） 永田博『歴史の中の東京駅ものがたり』雪華社、一九六九年。

4　日本的都市の特質

能率のよい都市

以上みてきた日本の都市とくに大都市は、居住、生活の側からみれば別として、生産活動の面からみれば、大変能率の高い、よい都市としてつくられている。公共交通機関とくに鉄道や地下鉄は能率よく走る。高層オフィスビルのエレベーターも快適にかつ超高速で動く。オフィス建築も、それぞれ近代技術の粋を尽くした機能的なもので、そこにあるゆる通信網が完備している。とくに東京・大阪や地方の県庁所在地のような都市では、各種機能の中枢がその都市中心部に集まり、そのオフィスはいわゆる集積の利益あるいは相互接触の利益が十分に得られるようになっている。そしてそこに毎朝大勢の働き手が素晴らしいスピードで能率よく集まってくる。その代表例は東京である。

財界人の言葉を借りれば、「事業をやるうえでは、東京は最高です。東京で創業したメリットは非常に大きいと思っています。とにかく何でも間にあってしまう。材料を買うにも、取引先にお願いするにも、また役所との折衝も全部ここでやれます。しかもビジネスチャンスは多い。……東京の一番の財産は人だと思います。東京には実にいろいろの人がいます……日本は戦後急成長しましたが、多くの機能が東京に集中し沢山の人が集まったことも、発展の大きな要因になっていると思います」（「わたしの東京論」『日本経済新聞』昭和五七年四月二一日）。

このとおりである。しかしあくまでも、生産あるいは営業活動という視点からみてこうなるのではなかろうか。日本の主要都市そのものを全体として生産のための工場とみれば、たしかに大変能率よく効率的につくられ、交通渋滞といった隘路も次々と打開がはかられている。

しかし、都市はがんらい生産のための手段としてあるのみでなく、むしろそこに住む人間が生活し、文化や芸術を楽しみ創りだす場であるべきだ。それ自身が究極の目的をもつ。成功し立身出世するための足場に止まらず、そこに生活して満足し幸福を見出す場でなければなるまい。

芸術のセンス

日本人の芸術的センスは世界に名高い。茶の湯、生け花、歌舞伎、能、浮世絵、そして庭園芸術……どれも世界の人々の心に深い感銘を与えている。奈良、京都、金沢等々の古都のたたずまいには、そうした日本の伝統の美しさが染み渡っている。

だが戦後急成長した都市の町並みの隅々に、先の芸術的センスはどう反映しているのだろうか。ロンドンのロンバード街を歩いていたら、通行人が楽しむように窓の下に棚が出、花が美しく植えられていた。世界の証券取引の大中心地の一業者の建物であるが、外を通る市民へのやさしい心づかいが感じられる。東京や大阪のビジネス街を歩いても、各会社にはどうもこれに似た通行市民への心づかいは見当たらない気がする。もちろん日本の各会社の重役室から社員食堂にまで、立派な流派の生け花が素晴らしく飾られているのだろう。しかしせっかくのそれも、外を通行の一般市民には縁がない。

シカゴ市のミシガン湖畔に広大な同市上下水道局（Department of Water and Sewer）の浄水場がある。巨大な工場といった雰囲気で、そのつもりで構内へ入ったが、施設の入口で思わず私は息を呑んだ。高さ三メートル、幅八メートルほどの巨大なレリーフ彫刻が立ちはだかっている。横に「水への讃歌」と題し、旧約聖書創世記の二章六、七節の句がある。

「しかし地から泉がわきあがって土の全面を潤していた。主なる神は土のちりで人を造り、命の息をその鼻に吹きいれられた。そこで人は生きた者となった」(『聖書』日本聖書協会)。霧すなわち水分が地上にたちこめてそれまでの荒れ地に、初めて草木や生物があらわれることができ、人間もこの世に生きられることとなったというのである。この光景を彫刻は壮大に画き、清き水こそすべての生命の源泉と讃えている。

日本の都市の浄水場や下水処理場をいくつか訪れたつもりだが、どうもそこでこれに当たる生命の讃歌、芸術品を見た記憶がない。一〇〇億円単位の巨大施設でも、日本では市民に訴える芸術品を飾ろうとしても、国の補助金や起債の対象にならないから予算がとれず、それが、いかに市民にとり大事な施設でも入口に置けないのだろうか。

オスロー市の北西にある広大なフログナー公園を歩くと、人間の一生をあらゆる面から讃えたビーゲランドの彫刻群に圧倒される。彫刻作品のなかに都市があるように思われてくる。バンクーバーの限りなく広大なスタンレー公園の巨木の間から高層建築群を見ていると、都市そのものが雄大な公園のなかに散在していると思えてくる。

アルノ河の対岸の高台ミケランジェロ広場から見下ろしたフイレンツェ、シェーンブルン宮殿奥の丘から見下ろしたウィーン……いずれも都市そのものが芸術品である。

日本人のかつて地方の古都に発揮された素晴らしい芸術的センスは、とくに戦後の都市復興、大都市形成の過程でどこへいったのか。四畳半の茶室やホテルのロビー、オフィスの迎賓室の内部には、生け花をはじめ各種の芸術品がよく飾られているが、市民生活の公共の広場やいわゆる外部の町並み

ワルシャワのオールドタウン

には、残念ながらあまり出てこなかった。

歴史の行方

日本の都市は木造でよく火事が出るから、とくに第二次大戦の戦火で多くの都市が由緒ある建物や芸術品を焼失してしまった。だから日本の都市に芸術が生きていないのもしかたがない、そこに歴史の跡がないのもしかたがないとよく考えられるようだが、そうだろうか。

ポーランドの首都ワルシャワは、第二次大戦で徹底的に破壊され、すべてが瓦礫と化してしまった。しかし戦後の復興過程で、その中心部数平方キロメートルを、戦前の姿そのままに復元した。歴史をそのまま残したのである。ワルシャワの一〇〇〇年の歴史は、祖国分割の苦難そのものを示し、それだけに市民にとっては自分たちの町が心のよりどころであり、これを復元して祖国復興の足がかりとしたのである。

ナチス・ドイツは、ポーランドを地球上から消し去ろうとし、その象徴であるワルシャワの破壊はすさまじかった。特に一九四三年夏の同市民一斉蜂起にたいし、三〇万の若者を殺傷し、市内の建物を放火し爆破した。それだけに戦争が終った瞬間、自分たちの祖国の復興を、このオールドタウンの昔のままの復興から始めた。精密な設計図があったわけでなく、残されたスケッチ画、写真等を手がかりに大変な苦労を払った由である。自分たちの魂の故郷がこのオールドタウンであり、ポーランドの誇りをここに象徴させている(1)。

さて日本の大都市はどうか。東京・大阪・名古屋に歴史は残されているか。戦災・空襲で破壊されたからと説明しているが、事実はそれだけでなさそうだ。例えば東京でも、都心部に帝国ホテル、三菱煉瓦街……その他有名な建築物、由緒ある歴史施設が多く残されていたが、新しい能率のよさ、採算性の名のもとに、簡単にとりこわされてしまった。江戸時代からの中心シンボルだった「日本橋」の上を高速道路がおさえてしまった。ワルシャワとまったく反対の方向に進んできた形である。

三〇年、四〇年しか経たないので歴史とならず、二〇〇年、五〇〇年と経なければ歴史とならない――というように歴史とは単に年代によるほど単純ではなさそうだ。精神のこもった市民たちの施設、芸術品、建物であれば、後世に誇れるその都市の歴史的存在としてたとえ五年、一〇年でも時とともに値うちが増すし、そうでなければ古くなるほど陳腐化した見苦しい邪魔物となる。都市の発展とは、市民が後世に誇れる歴史の蓄積がどこまで進められたか――で示されるものだろう。

二つの問題

ここで都市をめぐる二つの問題が提起される。

第一は、「戦後の日本経済の高度成長に伴い、都市化が大きく進んだ」と述べ、行政上の市域に住む人口を都市人口と扱って論議を進めてきたが、深い意味からみて、それは正しかったかと問われてくる。農村から自然を取去り、そこに散在していた農家、いや納屋、牛小屋から兎小屋を一カ所に密集させ、そこを便宜上「都市」と呼んでいたのではないかという疑問である。たしかに中心部に最新式高層ビルがたちならび、その間を縫って世界最高能率の自動車が走っているが、それが真に都市の精神が宿り次の文化を創造する「都市」だったのかという疑問ないし問題が出てくる。

しかしそうはいっても、経済の生産能率からみて、日本の都市、とくに戦後つくられた大都市は大変よく出来ていると述べた。それが事実として、ここに第二の問題が出てくる。それは、こうした都市の形そのものが、日本経済の次の段階での発展（世界に新しい形での飛躍）には不適切となってくるのではないか、換言すれば、日本の都市がこのままの形でいると、次の段階での日本経済発展の原動力となれなくなるのではないか、むしろ反対に阻止要因となるのではないかということである。

ここらで問題を整理する形で、よい都市とは何か、都市をめぐるどんな思想の系譜があったか等をたどってみよう。

（1）柴田徳衛「都市の精神――ワルシャワ市を訪れて」『ＵＰ』東京大学出版会、一九八四年二月号。

第二章　都市の思想史

1　市民の値うち——江戸とロンドン

東西に並び立つ江戸とロンドン

世界に人口一〇〇万規模の大都市が数多く現われ始めたのは一九世紀後半からであるが、それ以前において世界史上、群を抜いた巨大都市は、東の江戸、西のロンドンであった。都市人口は、定義・範囲により異なるが、一七七〇年前後、ロンドンの七〇万にたいし、パリ四九万、アムステルダム一九万、ベニス一四万、ローマ一二万……といわれる。他方江戸も当時ロンドンに近い規模から、やがて一〇〇万をこえる。遠く離れ、とくに日本には世界でも珍しい鎖国という事態があったことも加わり、相互に交流はほとんどなかった。しかし世界史上、東西に並び立つ江戸とロンドンを今日の視点から歴史的に比較すると、まことに興味が深い。

ロンドンの歴史はローマ時代にさかのぼるにせよ、世界史に大きく登場してきた英国の首都として急成長するのは、やはり一七世紀に入ってからである。すなわちエリザベス女王のもと、英国がスペイン無敵艦隊を破り（一五八八年）、ロンドンに東インド会社を設立し（一六〇〇年）、植民地経営にのりだす前後からである。英国の人口七〇〇万の約一一分の一をもち、ロンドンが英国発展の牽引力をなすとみなされてきた。そしてロンドンの都市として具体的な姿の形成の上で、大きな契機となったのは一六六六年の大火であった。それまで乱雑に木造家屋の密集していた旧市は、大部分一七四万平方メートルにわたり灰燼《かいじん》に帰し、クリストファ・レン（Christopher Wren, 1632-1723）等による新都市計画のもと、現在の同市の原形がつくられてくる。

東京（江戸）の歴史が事実上始まるのは、やはり右とまさに同じ頃といってよかろう。すなわち、それは徳川家康が関ヶ原の合戦に勝ち、江戸幕府を創立した年（一六〇三年）あたりからであり、以後参勤交代制の確立（一六三五年）、玉川上水の完成（一六五四年）あたりを機に、江戸城を中心とする江戸の町、つまり今日の東京の原形が形成される。直接の比較は困難にせよ、当時の両市はともに相当の経済・技術・文化の水準をもちながら繁栄を続けていた。しかし、ここに決定的な違いが一つある。

大火の歴史

先の一六六六年におけるロンドンの大火では、四日間も続けて火が荒れ狂い、一万三〇〇〇戸が焼失し、世界史の上でも有名な事件となっている。ところでロンドンの市民はまず誰も知らないが、東の江戸でもほぼ同じ時期に、ほとんど同じ規模の大火が起っている。まずその数年前の一六五七年に明暦の大火が起こり、一月一八日からロンドンの場合と同じく四日間も燃え続け、一〇万七〇〇〇人の死者を出した。またその少し後の一六八二（天和二）年には、いわゆる八百屋お七の大火が起こっ

ロンドン大火の「モニュメント」

ている。

ここで注目されるのは、ロンドンではこの大火を契機に徹底した不燃化政策がとられ、以後大火は二度と起こらなかったことである。したがって大火といえば、一六六六年の「あの大火」(The Great Fire)と特定したものになっている。そしてロンドン市民はそれを究極的に征服したと誇る形で、テームズ河に近いシティの大火の火元近くに、クリストファ・レンの設計による高さ六〇メートルの記念塔(The Monument)が建っている。いま、近くの地下鉄の駅名も、都市計画の成功を自慢する形で「モニュメント(記念碑)」と名づけられている。

江戸ではどうか。先の大火以後一六九八(元禄一一)年、一七七二(明和九)年、一八〇六(文化三)年……と超大規模の大火が続くし、その間もまた明治に入ってからも、一〇年おきくらいに大火が続く。振袖火事、八百屋お七の火事(西鶴『好色五人女』)、勅額火事、目黒行人坂火事……それぞれに美しいロマンスや物語がつくにせよ、実際には毎回悲惨で大規模な犠牲者や家財の被害が出ている。ロンドンの不燃化政策でとられたと同じ道路拡幅(広小路)、オープンスペース(火除地)設置、消防の組織化（大名火消、町火消）等々の工夫はされたはずなのに、大火の頻発を防げなかった。けっきょく町人たちは、「火事とケンカは江戸の華」といさぎよく諦め、どうせ焼けるからと住宅を粗末に建て（不動産取引で土地と上物が別々に扱われるという世界でも例外的な慣習は、これに基づこう）、「宵越しの銭は持たぬ」と痩せ我慢をするのであった。すでに一六世紀の前半、仙台の四ッ谷堰用水、金沢辰巳用水そして箱根用水等の建設に示された日本の土木技術は、世界を驚かす高水準のものであった[1]。ロンドンにも当時これほどのすぐれた技術はなかったろう。それにもかかわらず、江戸でこれだけ火事が頻発し、大勢の町人が焼け出された。そうとすると、都市政策の基本的な考え方に差があったからと考えるほかない。そこで、当時の代表的な思想家の都市論・都市政策論に当ってみよう。

『ロンドンの政治算術』

一般の教科書で経済学の元祖として、また『政治算術』（一六九〇年刊行）[2]の著者としてウィリアム・ペティ（William Petty, 1623-87）があげられる。英国でもっとも代表的で影響力の大きい有識者であり、一国経済の動きや国民所得の統計的分析に深く研究を進めた。その彼が、一六八二年（つまり奇縁というか八百屋お七の火事の年）、『ロンドン市の成長に関する政治算術論』（*Political Arithmetick Concerning the Growth of the City of London*）を著している。彼はそこで当時のロンドンの人口が六七万で、四〇年間に倍増してきたこと、ロンドンがイギリスの中枢都市をなしていること等を指摘した後、今後同市の規模を、拡大させるか、膨張を抑制しむしろ縮小策をとるか、その基本政策の方向を論じる。この長期政策をたてる際の仮定として、今後人口が七倍の四六九万になった場合と、七分の一の九万六〇〇〇になった時との二つをたて、それぞれの際の市の範囲地形等を想定する。そして防衛（外敵の侵入から防げるか）、治安、行政、貿易、産業活動、社会保障（ほどこしを受ける人たちに対するもの）、公衆衛生（悪疫）等々の項目をあげ、先の二つの想定に即し、各プラス・マイナスを計算する。例えば、拡大しても外国の海からの侵入は十分防げるとし、ほどこしを受ける人たちの数や犯罪は産業活動が盛んとなれば減少するとする。

こうして問題は二つにしぼられる。すなわち生産活動の拡大をはかるためには、時計製造の例をあげながら、関連部門ができるだけ集中した方がよいと、いわゆる集積の利益をあげ、都市拡大策をとるべしとする。しかし衛生（悪疫の流行）の面では、都市が密集し拡大するほど伝染病のひろがりが大規模となり、被害は大きくなるとする。ここで結論として、都市政策の基本方向として、伝染病の流行を防ぎ市民の生活を守りながら、ロンドンの都市拡大をはかるべしとする。

市民の値うち

こうして、ロンドンの悪疫を減少させることが当面最重要政策となるが、ペティは大火の翌年にそのための案を発表している(3)。この考え方のすべての出発点は、「市民の値うち」を評価することから始まる。すなわち彼の国民所得計算から、市民一人の値うちを六九ポンドとする（六〇〇万の人民が、毎年二五〇〇万ポンドを生みだすから、利率（約六％）で還元するとその全体の値うちは、約四億一七〇〇万ポンド、つまり一人当たり六九ポンドとする）。そして統計上一度の悪疫（当時コレラ多発）流行で、平均一二万人が死ぬが、それは右の六九ポンドを乗ずれば八四〇万ポンドほどの社会的損失となるとする。他方伝染病による被害の対策として、その発生と同時に周辺半マイルの住民をロンドンの外周三五マイルの地に三カ月間避難させれば、交通、宿泊費をふくめ五万ポンドの経費がかかるとする。しかしこの五万ポンドの支出で、被害が半分すなわち四二〇万ポンドを出さずにすめば、右の五万ポンドの経費支出でその八四倍もの利益を得たことになる。したがってこの政策を進めるべしとする。

「市民の値うち」――これをカギとし、それを守るために都市政策をうちだし、そのための経費支出をせよ、それでも十分社会全体の利益が上がるし、それを通じてはじめて真のロンドンそして英国全体の経済発展をはかりうるとする。

さて東の江戸ではどうであったか。

荻生徂徠と江戸の都市政策

一七世紀末から一八世紀にかけて、当時の日本で有力な識者に荻生徂徠がいる。彼は寛文六年（西暦ではまさに一六六六年）に生れ、後に八代将軍吉宗の師となる。彼の将軍への提言としての『政談』に、江戸にたいする都市政策が出てくる。その要点は、

「諸国ノ民ノ工・商ノ業ヲスル者、棒天振《ぼてふり》・日《ひ》雇取《ようとり》ナトノ游民モ、在所ヲ離テ御城下ニ集ル者年々弥《いや》増シテ……町ノ家居夥《おびただし》ク成、北ハ千住ヨリ南ハ品川迄立続タルニヨリ……」（河出書房新社『荻生徂徠全集』第六巻、四二一―四二三頁）。

つまり全国各地から天秤棒かつぎの小売人や日やとい人夫といった游民が、毎年ますます多く江戸に集まってきて、表面は賑やかに見えるが、それだけ武士まで貨幣経済にまきこまれ生活は華美となり、しかも一朝事件が起これば仙台からも近畿地方からも米の供給が絶え、そうした下層民たちの暴動となって、とうてい治安が保てない。したがって一定数に「御城下ノ人数ヲ限、其外ハ悉ク諸国へ返スヘシ。返ス仕方ハ、其地頭々々ニ申付テ人返シサスヘキ也。民ハ愚ナル者ニテ後ノ料簡無者也」（前出、二一一―二一二頁）。

つまり江戸の治安を守り、混乱を防ぐため、下層民をできるだけ郷里の農村へ「人返し」をする政策をとるべしとする。ここでは「民ハ愚ナル者」であり邪魔で暴動を起こす心配もある――つまり「住民の値うちはむしろマイナス」となってくる。

先に見たように、火除地や広小路の防火対策は立てられたが、その技術や政策は、江戸城や大名屋敷まで火災が延焼しないようにそれらを守ることが主目標であり、外側に住む町人、下層民が多く焼死しても、都市さらに一国経済全体にとっての社会的損失になるという考えはなかった。市民の値うちという視点からの都市政策は、この東の大都市江戸ではついに出てこなかった。これは他に数多くあった城下町でも共通したところといえよう。

2　下水道に見る都市思想

日本の下水道の立ち遅れ

ごく最近、この一〇年間ほどで下水道は日本の主要都市でかなり普及してきたが、もちろんまだ十分でない。そして昭和四〇年代前半をみると、当時全国で五六〇あった市のうち、下水道がまったくない市が四〇〇にも及んでいた。一九七八年で、宮崎二四・二％、大分一四・二％、弘前一六・七％、青森二六・四％といった数が出ている。

欧米諸都市では前世紀のうちに下水道がほとんど普及したのに、文明開化をとなえた明治維新から、ちょうど一〇〇年以上を経た時に、日本はまだ右のようなありさまであった。しかも明治維新後、大勢の元勲、有識者が続々とヨーロッパの先進都市を訪れていた、まさにその頃、その泊ったホテルの周辺では、下水道建設の工事が大規模に進められていたはずである。例えばロンドンでは主要下水道系統の工事は、一八五五年から七五年の間になされ(4)、ミュンヘンは同じく五八年から八一年にわたってである。ヨーロッパの主要都市は、一八七〇年代すなわち明治維新から明治の二〇年代にかけ、いっせいに下水道の掘りかえし工事を派手に進めていたはずである。

先の明治の有力者たちは、好奇心をもってあらゆる洋風の文物を見聞し、猿真似といわれるほどにその輸入に狂奔したはずなのに、不思議と眼の前で工事が進められていた下水道については報告も少ない。そして日本国内の都市でその建設は後々まで一〇〇年間も遅々として進まなかったのである。なぜ進まなかったかを問う前に、むしろ西欧諸都市でなぜ先の年代すなわち一九世紀の中頃から七〇年代にかけてその建設が大きく進んだのか、そのモメントをみよう。

西欧の下水道事業推進の要因

世界経済の先端を切ったといわれる英国の産業革命は、普通一七七〇年代から一八三〇年代に遂行されたといわれる。この間に工業都市が数多く発展し、そこへ労働者が集中してくると同時に貧困も集中した。すなわち、居住条件の劣悪な密集地——スラムが大きく形成された。そこが不衛生となり、とくに伝染病の中心的な発生地となり、さらにそれが市内の一般市民から有力者までを伝染病の危険にまきこむとともに、工場労働者の病気休業、死亡の増大、遺族対策をふくめた社会保障費負担の増大をもたらした。

ここでペティの論理のまさに同じ線上で、働き手の値うちを守るための都市政策の必要が一八四〇年代に叫ばれ始めた。当時こうした伝染病を抑えるもっとも有効な手段は、スラムの衛生条件を改善すること、すなわちそこにたまる汚水、伝染病患者のハイセツ物を衛生的に処理すること——下水道を建設し汚水を処理すること——であった。

具体的にその頃の状況をみると、まず伝染病とりわけコレラの伝染が一九世紀に入って頻繁となり、英国の死亡率は人口一〇〇〇人につき一八二〇年代に三〇人台であったものが、三一年に四六人、四六年には五六人と急増し、とくに都市部ではそれが農村部より二倍も高かった。病人や働き手の死亡により寡婦・遺児がふえると、救貧法による財政支出もそれだけまたふえ、地方税《ローカル・レート》（不動産税）の負担も重くなる。こうして不動産をもつ有識者の間からも、都市政策を求める声が高まった。

チャドウィック報告

これに答える形で議会に提出されたのが、一八四二年のチャドウィック報告（「イギリスにおける労働者の衛生状態」Sir Edwin Chadwick, *The Sanitary Condition of the Labouring Population of Great Britain*, 1842）である。本報告書は、五つの部分から成る。第一の部分では、当時の労働者居住区の居住・衛生条件の悪さ、死亡率の高さを明らかにし、第二にそれによる経済・財政面でのマイナスから不動産所有者の地方税負担の増大等を論じ、第三に都市施設の改善により、どれだけ健康（市民の値うち）が守られ、不動産所有者、工場経営者にもプラスをもたらすかを計算する。そして第四にそうした都市施設の改善を実現するための都市の行政機構の整備を論じる。この報告書は、単に医学や経済・財政の分析に止まらず、政策実現のための地方行政のあり方まで論じている点で優れている。そして最後の第五にまとめとして、右の焦点として下水道建設が主張され、これにより市民の健康（値うち）は守られ、周辺地価も上昇する……と説く。

やがてこうした考えが具体化し、ロンドンにも下水道建設のための行政組織（Metropolitan Board of Works——後のロンドン市庁）がつくられ、一八五五年からその工事が始まり、大きな成果をあげた。

ドイツでも衛生学者ペッテンコーファー（Max von Pettenkofer, 1818-1901）がミュンヘン市を例にとり、同市の悪環境による死亡・疾病の損失を年間三五万フロリンと推定し、これを年率五％でいわゆる資本還元をすれば七〇〇万フロリンにも達するとした。つまり都市計画（下水道建設）の事業に七〇〇万フロリンまで財政の支出をしても、右の損失が無くなれば十分利益となるとする。こうした考え方から下水道事業が進められ、一八八一年にはほぼ整備された。そのため同市の腸チフス死亡率は、人口一万人当たり一八七二年の二四・〇が、八一年に一・八、九五年に〇・四と著しく減った。大きな成果をあげたのである(5)。

日本における立ち遅れの要因

はじめに述べたような日本の都市における下水道建設が一〇〇年も遅れたのはなぜだろうか。設計・建設の知識なり技術が低すぎたためか。そんなことはない。すでに明治二二年、長与専斉、古市公威らにより、すぐれた「東京市下水設計第一報告書」が提出されているし、工事自身も横浜、下関、大阪等でその前後に手をつけ始められている。本格化しなかった日本的理由としてあげられるものは――、

第一に都市におけるし尿処理の形に注目されよう。江戸時代以来便所がいわゆる貯糞式で、汲取り型となっており、し尿が大事にそこに貯えられ、農村の貴重な肥料として使われた。下水道をつくり

水洗便所とする必要がなく、むしろ中心オフィス街を除きそれが阻まれた。

第二に明治以後の都市建設に当たり、上水道の方が下水道より優先された。たしかに、上水道が不備で水が汚染されると、それは有力者・有識者と下層貧民との区別なく供給されてしまう。しかし、下水道がなくとも、高台にある高級住宅街の汚水は、自ら低湿地の方へ流失してしまう。

第三に当時の都市財政において、下水道に優位が与えられず、上水道の建設事業が相当に進んで次に下水道事業にかかろうとする度に、第一次大戦、日中戦争等の戦火が起こり、常に後まわしにされた。

しかし最も基本的なことは、次の二つの要因である。すなわち日本では、明治当初以来、農村から都市へ常に労働力が安価かつ豊富に供給され続け、チャドウィックやペッテンコーファーが計算したような働き手を失う損失ということが表面の問題に大きく出てこなかった。したがってその損失額を重視し、それを防ぐための都市政策の要求をするといったことが、有識者・有力者から出なかった。

次に、日本の医学の驚くべき進歩である。一九世紀後半に先のペッテンコーファー流の公衆衛生、予防衛生中心から、やがてコッホやパスツールの細菌学研究に主流が移った。日本はこの新しい主流へ人材を送り、北里柴三郎、志賀潔、野口英世……といった人々が世界的成果をあげた。都市における公衆衛生改善の段階を経ずとも、直接個人の病源をいわゆるワクチンの予防注射でおさえることに成功した。明治も後期になると、日本の都市はそのおかげで一九世紀中期までのヨーロッパ都市ほど伝染病を恐れなくてすんでしまった。個人にたいする治療について日本医学の進歩がこれほど大きくなかったら、日本の都市の姿も少し変わっていたかもしれない。

新しい段階

昭和四〇年代に入り、日本の都市でも下水道建設が本格化し、三鷹市のように一〇〇%の普及を誇る市も出てきたし、東京都内二三区や地方都市もその普及が大きく進んだ。それまでひどく進んだ河川の汚濁・悪臭が、その下流や海岸沿いの市民生活のみならず、そこに大きくひろがる用水型産業をも困難に陥れていたが、こうした下水道の急速な普及で、一〇〇年の遅れをとりもどし、事態はやっと大きく改善されてきた。

しかしそれが急速に普及するにつれ、日本の都市では、新しい次元の問題が出てきていることを付言したい(6)。すなわち従来のそれが一般の家庭排水を中心に考えられてきたのにたいし、いま新しい段階での産業活動につれ、洗剤や廃油、危険な化学薬品、各種産業排水が下水道に流入してきて、新しい次元での処理の形、あるいは発生源での事前処理ないし投入禁止といった措置をとるかという問題が出てきている。それがうまく処理しきれず、とくに窒素や燐が多く下水処理場から外域へ排出されると、大都市に接し半閉鎖的な形となっている瀬戸内海や東京湾、大阪湾、伊勢湾等は大きく汚染され、それだけ赤潮も発生しやすくなる。被害が大きくなる。

旧来の問題が一〇〇年ぶりにうまく解決されるほど、今度は新しい次元の問題が生じていることを付言しておきたい。ここでは「市民の値うち」を新しい段階で重視しながら、新しい形の下水道にとりくまねばならない。ただ下水施設を大規模に建設し、そこへあらゆる汚水を流しこめばすむという段階ではなくなっている。

3　田園都市の構想

理想都市案

一九世紀の中頃、産業革命によって都市に貧困が集中し、労働者たちの生活破壊が深刻化するにつれ、いくつかの改良主義的な都市計画案が出されてきた(7)。

その先駆的な例として、イギリスのニュー・ラナークの綿工場経営者ロバート・オーエン（Robert Owen, 1771-1858）が一八一六年に示した工場村案（Plan for a Village of Industry）がある。これは周辺に一〇〇〇ないし一五〇〇エーカー（四ないし六平方キロ）の土地をもつ居住区に一二〇〇人の労働者を収容し、各人に周辺に一エーカー（四〇〇〇平方メートル、旧式に表現すれば四反）の農地を与え、健全な生活を送らせようという案であった。そしてさらに彼の理想主義が折りこまれ、子供専用の宿舎をつくりそこから学校に通わすとか、共同調理所等の施設をつくる等々の案も考えられた。

これにたいし経営者側から「あまりのお人好し」とからかわれたりして、彼自身の献身にもかかわらず、ついに実現はしなかった。しかし当時、労働者の生活環境へ関心をむけたこと、都市と農村の結びつきを考えたこと等その後に与えた影響はきわめて大きい。

人道主義的都市計画が実現したものとして、工場都市ソールテーア（Saltaire）がある。繊維工場の経営者タイトゥス・ソールト（Sir Titus Salt）が一八五二年、彼の工場従業員三〇〇〇人を対象にブラッドフォード市（彼はその市長だった）の北方六五キロにつくったもので、六階建て工場と、鉄道線路をへだてた居住区に教会・病院・浴場などが設けられている。農村地域に線路をへだてて工場と居住区を集団的につくり、健康を管理しつつ生産能率をあげようとするものだった。

その他、ドイツのクルップ（Krupp）一族がエッセン市の製鉄工場の傍に一八六五年頃から建設した「職工農村」、フランスのチョコレート製造業者メニエ（M. Menier）が一八七四年にパリ郊外に建設した労働者都市、イギリスの公衆衛生学者ベンジャミン・リチャードソン（Benjamin Richardson）が一八七五年に発表した衛生都市（衛星都市でない）ハイジア（Hygeia）の案、アメリカの寝台車製造業者プルマン（Pullman）が一八八一年にイリノイ州に建設した職工農村等々と続く。これら諸案、諸計画は、まだ個人、個別企業の一般労働者の生活環境劣悪化にたいする理想案、改良案であったが、それらを社会的にまとめたものが、世紀の変わり目に出されたハワードの「田園都市論」である。

田園都市論

都市における富・地位の魅力と貧困・醜さ、他方の農村における健康な環境と単調な生活――この両者のプラス面をとりあげマイナス面をとり去った理想案として「田園都市」（Garden City）案が出された。

この案は、エベニーザー・ハワード (Sir Ebenezer Howard, 1850-1928) の『明日――真の改革への平和的な道程』(一八九八年) で提案され、翌年にはそれを具体化するための田園都市協会がつくられ、さらに一九〇二年に先の案を改善した『明日の田園都市』(8)が刊行された。

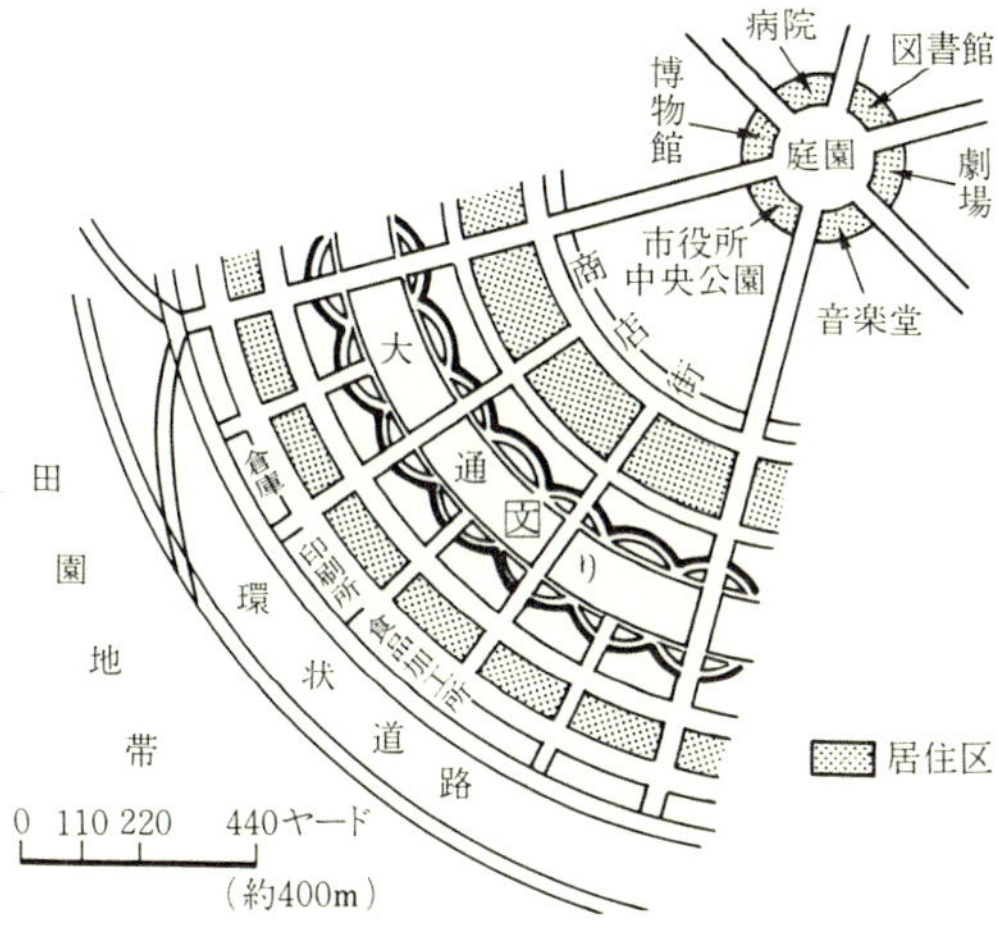

図2・1　ハワードの計画図
(柴田徳衛『現代都市論』東京大学出版会より)

この都市計画案を要約すれば、大都市の近く(その後の具体例では鉄道で一時間弱)、都市面積の目標は二四平方キロをとり、その中央六分の一ほどを工場・住居等都市部にあて、周辺は農業地とし、人口は三万を限度とする (その後の具体例では自然増を予想し、そのかなり下まわる線で制限)、とし、図2・1のような計画図を示す。そして入居労働者の一戸当たり宅地面積を二四〇平方メートル (その後この案が具体化された実際をみると平均三三〇平方メートル、最悪最低で二〇〇平方メートル) とする。またここの土地をすべて建設主体の田園都市協会の公有として、土地投機を廃し、地価騰貴の利益をすべて公共に還元することとした。

こうした提言は、貧しい大都市労働者に独立した住宅と健全な生活環境を与え、しかもそこに雇用とショッピング・娯楽の場もあるため長時間通勤はなくなると改良主義者（ないし労働党）から喜ばれ、革新派は土地公有による地主の投機的な不労所得の機会がなくなると喜び、保守主義者からは政府の財政負担なしに新都市建設ができると好評だった。

こうしてレッチワース、ウェルウィン……とロンドン郊外に建設が進められ、とくに第二次大戦後、工場分散、大都市の過密を救うとして各地に雇用と生活の機能が一応完結したこの田園都市の建設が進んだ。そしてそれらに衛星都市さらに最近はニュー・タウン（New Town）の名がつけられた。もちろん現在つくられているニュー・タウンが、理想都市そのものであるというのでなく、人為的で人間味が不足しているとか各種の批判はある。しかし、ここではその考え方の背景を見、日本と比較してみたい。

日本的「田園都市」

このような都市問題、とくに労働者の貧困対策としての田園都市論が、日本ではどう受け入れられたろうか。実は意外に早く、半ば公的な形で詳しく紹介されている。内務省地方局有志『田園都市』（明治四一年）である。今日からみても驚くほどよく、欧米の都市問題の現状、とくに労働者の貧困状況を紹介するとともに、提案を以下のように行う（同書、二二一—二二三頁）。すなわち「都市で忌むべきは過密である。そこでこの田園都市（時に花園農村とか職工農村と呼ぶ）では、各自に小庭園のある新案の家屋を供し、低家賃で勤労者が住めるようにしてある。特に工場をその付近に置き遠距離通勤の必要をなくし、身体の疲労と時間、通勤費を節約させるようにしてある。そのため多少の貯蓄をすることが可能になり、時間の余裕で庭に菜園をつくり自家用の食料も供給できる。また緑の空地もあるから、普通の不健康な都会生活と大変な違いとなる。近時社会問題が重視されているが、特に住宅と飲酒の問題がその最たるものである。されど田園都市の理想にして、もし能く実現せられんか、総ての社会問題はことごとく解決せらるべきを疑わず」（要約）というのである。

さらに同書は、先のドイツ（プロシア）のエッセン市のクルップ工場近くにつくられた田園都市（職工農村）の意義を紹介する。すなわち「もとドイツには過激な社会主義の主張者がきわめて多く、この思想がひろがって多くの工場で常に資本主と職工の間に紛争が絶えなかった。ところが独りクルップの工場のみは、職工が美しい花園ある住宅に住み、心もなごみ、和気あいあいとして一万二〇〇〇の職工から六万の家族までが全体としてクルップ一家のように仲よくしていた」（同書四八頁要約）というのである。その他都市における公衆衛生から住宅改良、そして「間時利導」（同書第八章）の名のもとにリクリエーションや文化施設完備の要をとく。

せっかくこうして内務省有志の名のもとに、大都市産業と健全な勤労者層の郊外移転、職工を独立した花園住宅に住まわせることによる健康・能率の管理と思想の穏健化、市民の生活環境改善と文化施設の充実をときながら、その後具体的政策としてはほとんど実現しなかった。当時進んでいた「工場法」案も個別経営者の反対にあい、労働条件そして都市における生活環境の改善は一向に進まなかった。

私鉄経営と田園都市・ニュータウン

先の田園都市構想が具体化したのは民間とくに私鉄経営によってであった。第一次大戦の好況で通勤ホワイトカラー層が形成され、関西・関東で私鉄の手による沿線の開発が進んだ。口火を切ったのは、関東では渋沢栄一の提唱で大正七年に設立された田園都市株式会社の事業である。そして東横線沿線につくられた「田園調布」は、まさにハワード案を模したものである。

つまり日本の場合は、郊外へ転出した工場を中心としてつくられた一つの機能の完結した職工農村でなく、中・上流層の居住地域という色彩が強く、私鉄がその人々の都心部への通勤手段としてますますその意義を多くもつのであった。

さらに日本では戦後、大都市、地方中核都市の膨張とともに、その郊外に各種の名が冠されたニュー・タウンが開発された。しかしそれらはほとんどみな、実質は都心部への通勤者の夜のネグラであり、英国でハワードが提唱し具体化されたものと本質的に大きく違う。したがって日本式のニュー・タウンを海外の言葉に翻訳して紹介するばあいには、New Town と訳しては間違いで、ベッド・タウンとか寄宿舎都市、寝台列車都市といった形で訳さねばなるまい。

4　優れた先輩たち

日本は明治以来文明開化に努めたが、最近まで後進国で、都市づくりに関する知識が遅れ、それで近代的なよい都市をつくることができなかった――この考え方はおかしい。明治時代のそれも早い年代から、都市のあり方に関し素晴らしい先進的主張の先輩がいて、今日聞いても新鮮な意見・主張を展開している。

その代表的な例を二つ三つ見てみよう[9]。

森鷗外と都市計画

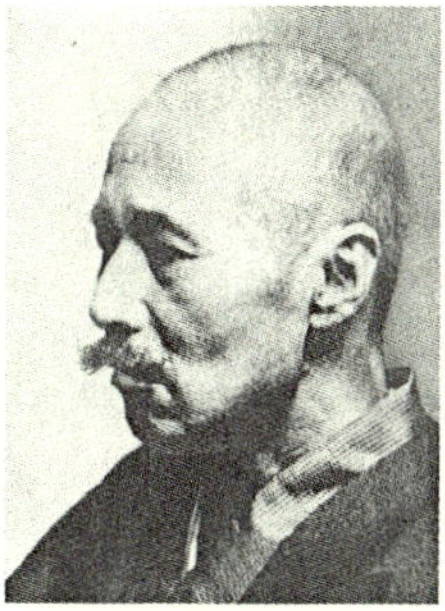
森　鷗外

森鷗外といえば、一般に文豪として有名であり、有識者の間では陸軍の軍医総監までつとめた人として知られている。

しかし私から見ると、都市計画（明治期には市区改正と称していた）にたいしてきわめて優れた見解を持った主として、その存在がきわめて大きい。

本章の**2**「下水道に見る都市思想」において、明治維新とともに日本の知的指導者が大挙してヨーロッパの都市を訪れたが、不思議なことに眼前に展開されていたはずの下水道建設工事に関心を払い報告をし、その建設促進を提案した人は見当たらないと述べた。

例外は鷗外である。彼は明治一七年からドイツへ留学したが、帰朝後早速論陣をはる。要点をしるすと——

「今日本にて立都建家の改良を計らんとすれば、よろしく根柢より一新するの大事業を起すべし。これ地中汚水の排除を以て着手の第一点とし、次で市区家屋に及ぶの法なり。かの給水法の改良、地中汚水の排除に先つべき、もとより論をまたず」(「日本家屋説自抄」明治二一年二月——『鷗外全集』昭和二年、第一八巻、二四一—二四二頁)。

つまり都市づくりには、その根柢になる下水道を建設して地下の汚水の排水をはかり、その上に道路・住宅等々の施設を建設すべしというのである。その他都市計画に関連し、住宅・清掃等を論じつつ、それらをまとめる形で「市区改正は果して衛生上の問題に非ざるか」(明治二二年)を提起する。要旨は——

「わが国に衛生大家は数えきれないほどいる。それらの人々が新聞雑誌にまた沢山衛生事業を論じている。しかしこれらの人々の間で、これまで市区改正(都市計画)のために一文を草し、一書を著わしたものがいようか。工学・実業等々の分野からはあれほど多勢が沢山都市計画を論じているのに、医学の方からの発言がどうしてこう少いのか。自分として不思議でならない」(前出、三五二—三五三頁)。

他に「衛生談」（明治三六年）などで世界の医学の主流が、彼がドイツに留学している間にペッテンコーファーの公衆衛生重視から、コッホの細菌学（個人の治療）へ移った詳細を伝えている。そして医学専門家の間で、市民の健康の立場から都市計画を考える気風の失われたことに大いに警鐘をならすのである。

さらに「屋式略説」（明治二三年）にて、住宅の重要性を説き、それが劣悪だと、まず老幼、病者が被害を受け、さらに「家長もおのれが居処の喧擾を嫌いて、業果つる後、酒旗の下に彷徨し、遂に酒癖に陥いるに至らんとす」（同二五六頁）とする。酒旗をネオンサインと読めば、まさに現在の盛り場を画いている形だ。

こうして鋭い指摘をするが、残念ながらその後の動きは、富国強兵第一で、鷗外が主張したような健康を第一とする市民のための都市づくりは大きく遅れてしまった。

田口卯吉と火災予防

日本のアダム・スミスなどといわれる田口卯吉は、『日本開化小史』等を通じ経済の発展策を論じるが、その一環として都市経済やそのあり方についても、時代にさきがけた論議をしている。先に江戸は粗悪な低層木造住宅の密集で火災が頻発し、明治になってもその基本の姿は変らないとのべたが、彼は「東京家屋の有様を改良する難からず」を早くも明治一八（一八八五）年に発表している。この論文における「東京」を「日本の都市一般」といい換えても、そのまま理論は広くあてはまる。

つまり当時一〇〇円で建てた木造貸家の家賃は普通月六円と年利七割二分もの高い利率になる。しかしこれは火災が多く、家主は三年ないし五年で焼失を覚悟し、その間に元金の償却を考え、また多額の火災保険料もふくめねばならないためである。それらを考えに入れず、火災が頻発しないとすれば、家賃は二円となり六円の三分の一ですむと計算する。

こうした借家人ひいては都市経済全体の負担や損失を軽減するための都市不燃化の方策として、第一に都市計画を進め、一ブロックの面積を小さくし、道路の幅を広くすること、第二にそのブロック内の住宅を狭小木造小住宅の乱立から、金融資金を融通して再開発をはかり、西洋借家（アパート）形式にせよとする。れんが建ての高層式とすれば、一戸当たりコストも低まり、不燃化のため、家賃も極めて低くすることができる。しかもその一階は商店、二階はその家族や店員、三階は書生や小官吏、四階は夜店商人……が入居すれば通勤その他の負担も軽減され、都市の形はきわめて合理的でよいとする。

資金を都市計画に融通し、再開発をし不燃化をはかることによって、借家人のみならず家主、そして都市全体として利益が大きいとする田口の意見は、まことに進んだものである。その他「東京府下水道の改良を望む」（明治一七年）やさらに「東京城郭頼むに足らず」（明治一七年）は、民を保護しない城郭を廃せよと今日みても驚くほど進歩的なものである。だがせっかくの進んだ意見も、ほとんどとりあげられなかった。

片山潜と公園

片山潜（安政六〔一八五九〕年―昭和八〔一九三三〕年）といえば一徹の社会主義者と思われがちであるが、彼は若い時、米国アイオワ州グリネル大学に留学し、そこで進歩的キリスト教の立場からの都市研究に接し、当時の日本からみれば、きわめて先駆的な都市問題研究を進めた。そして明治二九年帰国後の彼は、むしろ温和な都市の改良主義を提唱していた。後に彼の『自伝』（大正一一年）で、一八九四年に英国の都市を訪れた時を回想し、そこでの貧民窟改善、水道の市有、ゴミ焼却による発電等について「資本主義の下において都市改良の容易に絶対に望まれぬことを自覚した今の予は別段に趣味を持たないが、当時の予は非常なる趣味を以って視察した」（二七一頁）としている。すなわち、都市改良の理想をいろいろ画いたが、当時の日本の社会体制ではとうていそれが実現できないことをさとり、明治末になって一徹な社会主義者となったと自らいうのである。若い彼の意見を例えば明治三六年刊行の『都市社会主義』(10)における第一六章の「公園論」にみると――

片山　潜

「そもそも都市に公園の必要なるは、家屋に窓の必要なるが如し。貧市民が新鮮清潔なる空気を呼吸するは公園に於てするの外なし。家屋に於る窓よりも、市内の公園はなおいっそう必要なり」「公園は貧民の客室なりとはロンドン市民が誇称する所なり……」。そして先進国の公園は一般市民が文明を楽しむよう、耳からは市費による楽隊の音楽をたのしみ、目からは花園の美しさを喜び、鼻からはその香りを満喫し、口からは市の指導する安価な御馳走を食するようにできている。ところが「見よ上野公園には幾百の腰掛あり、而して多くの散歩者は疲れて休楽を欲するも、それを用いる能わず。公園内の料理屋・茶屋は独占の実をあげ、常に法外の価を請求して一般市民は之れを得る能わず……」(一七五頁)。

こうした今世紀初頭の片山の公園づくりの提案、とくに海外の実例を豊富に説明しながら一般市民のため美しさを楽しめるようにといった主張も、現実は残念ながら大きく立ち遅れてしまった。料亭やホテルの内部には大変すぐれた庭園がたくさんできたが。

以上ごくわずかの優れた先輩の例をあげた。「社会問題は都市問題なり……市政を研究するものは貧民問題をもゆるがせにすることは出来ぬ」(『応用市政論』明治四一年、二頁)と論じ始めた安部磯雄、田川大吉郎の『都市政策汎論』(大正一四年)、大風呂敷の東京八億円計画をひろげた後藤新平やそのブレーンともいうべき池田宏や岡實、後藤が招いたチャールズ・ビーアド(名著『東京市政論』大正一二年を刊行)等々も忘れることはできない。

しかしここでは西の代表格たる関一を紹介しよう。

5　大阪と関一市長

大阪の発展

西日本の中心大阪の発展を、大正から昭和一〇年にかけてリードしたのが関一《せきはじめ》であった。都市計画行政の大先輩飯沼一省による『都市計画夜話』(内務省内都市研究会、昭和九年)に、「都市風景百人一首」という面白い欄があるが、そこに「これやこの都市計画の権威者は　しるもしらぬも大阪の関」とされている。

関一は長らく東京高等商業学校(現一橋大学)の教授をしていたが、大正三年市長に乞われて大阪市助役となり、さらに大正一二年末から昭和一〇年の死去まで同市長をつとめた。

人生の前半を大学の研究生活、後半をじつに二一年間市政の第一線で活躍したが、市長時代も毎日早朝学者としての読書や研究につとめたという。

関　一

まことに理論と実践を統一した類まれな生活を送った学者市長というほかない。まさに大大阪発展のリーダーだった。

こうした学者市長を生みだし支えた背景は、なんといっても大阪市民の力である。明治末年から高まった、村山龍平、中橋徳五郎等当時の第一級の人物を指導者とする市政改革運動の発展があった。

そして関一は、第一次大戦を通ずる大阪の大きな経済発展に支えられ、またそれをリードした。関一は、都市計画を経済発展のための都市整備のためだけでなく、市民生活とくに貧困対策のための施設づくりという面を軽視してはいけないとする。事実天下をふるえあがらせた米騒動が、大正七年大阪市をも襲ったが、彼は直ちに公設市場・簡易食堂の整備をはかり、失業問題にも正面から取り組もうとした。

そして「将来の都市計画は街路主義、都心美化主義を捨てて住み心地よき都市を建設することを主眼とすべきである。六〇余平方哩の大大阪に屋根瓦の海を出現せしむることを以て大大阪の完成と思うものがあれば非常な間違いである」(『大大阪』大正一五年四月号)。

関一の主要著書『住宅問題と都市計画』(大正一二年)の表題が示すように、彼は都市計画の基本として住宅問題を重視する。そして、世間でその解決には賃金引上げがカギであり、賃金さえ引上げれば高い家賃のよい住宅へも入れるという理論がある、しかし現在の社会関係では、賃金が引上げられても、「ある階級は十分に賃金増加の利益に浴すること能わずして、その大部分は家賃の値上によりて家主の懐《ふところ》に入りて、労働者は従来の生活状態を改良する余地を有せず、不景気の場合は失業等によりて従来よりも劣等の住居に甘んずるの苦痛を忍ばねばならぬことが多い……」(同書、一七頁)と指摘する。

これは第一章**2**の不動産事情とからめ、今日からみてもきわめて興味深い理論上の問題点である。

都市財政と負担関係

第一次大戦による経済発展と失業などの社会問題のひろがりにより、大阪市の財政需要は急増した。ところが当時同市をはじめ大都市は、いずれも歳入中に占める市税収入はきわめて低く（六大都市で、大正元年、六年、昭和三年のいずれも一六％）、大部分を国の補助金等いわゆる依存財源にたよっていた。そしてこの依存財源は常に国からの大きな制約下にあった。こうした財政状況にたいし関はとくに市の経済発展と公共事業に伴う地価の急上昇に注目しつつ、租税の課税において「都市における地価の異常なる変動を閑却しているために……都市の施設によりいちじるしく地価が騰貴したる場合にも市は増収をなす能わず、市費の分担はいよいよ不公平となるを免かれない。かくのごとき欠点は各般の施設に巨額の経費を支出する大都市において最も顕著なる傾向を呈している。……わが国大都市の土地の市税負担が軽きに失し、伸縮力と公平とを欠くことは何人も異論を挟み得ないところであり……」[11]としている。

戦後日本の都市における各種の大規模建設事業でとくに都心部の地価は急騰したが、この関一の半世紀以上も前の指摘はそのまま現在にも当てはまる。受益者負担の名のもとに、とかく市政の事業を受ける一般住民に税金と料金の二重払いを強いる危険があるが、しかし都市における地価急騰と大規模土地所有者の受益にたいしては、負担の公平という点と市税収入増大という点から大きく再検討の必要がある。

都市研究の推進期待

関一の注目すべき活動は、大阪を単に商人の町でなく、文化面で日本の先頭に立てようとしたことである。すなわち、大正一四年における大阪都市協会の設立と雑誌『大大阪』の刊行、昭和二年に学会の一流研究者を動員して開始された『明治大正大阪市史』、さらに特筆すべき市立大阪商科大学（現在の大阪市立大学）の設立等を行っている。現在でこそ多くの例をみているが、当時は市が大学を持つということは驚きのほかなかった。それだけに彼の期待は大きく、従来の国立・私立大学の真似では無意味で、「独得の研究が起りて市民生活の指導機関となって行くものでなければならない……大阪市を背景とした学問の創造がなければならない……」（『大大阪』昭和二年五月号）と強調している。

関一はこれより前、都市研究の必要を訴える。すなわち米国の市政刷新運動やドイツの「ジュッセルドルフ市の設立した市政学校、ケルン市の都市・社会行政専門学校」等が、都市研究やその専門職員の養成に大きな役割を果すことを紹介する。そして彼自身の意見で先の大阪市立商科大学にそれに当たる「市政科」を設け、大いに成果をあげたが、戦争中惜しくも廃止され、今日まで復活していない。彼は主著『都市政策の理論と実際』に「市政調査研究の急務」という項目を設けて述べるのに、日本は明治以来国威伸張を第一とし、「国民の眼は地方自治体にそそがれずして、中央政府にのみ向ったのである。世上の識者も、学者も、国家の政治、国家の財政に関しては深き研究を怠らなかったのであるが、自治体の行政、財政については今日に至るまでほとんど何らの調査もなく……財政学の著書を繙《ひもと》くと地方団体の歳出総額は国家財政のそれに匹敵すと言われながら、地方財政は巻末の数頁

後藤新平が設立した東京市政調査会の建物（東京市政会館）

に収められている」（同書、九五頁）。

そして「都市問題に関する限り……例へば東京帝国大学にも京都帝国大学にも市政学についてはその特別講座の設けはないし……一般人士が市政問題について冷淡なのは教育界がかくの如く之を等閑に付せることが、疑もなく其一部の原因を作している」というチャールズ・ビーアドの『東京市政論』（大正一二年）の言葉を引用し、これに同感し賛意を表するとともに、彼を日本に招いた後藤新平の功をたたえ、後藤が設立した東京市政調査会やその雑誌『都市問題』に期待するとする。さらにそうした研究をさらに高めるため「わが国最大都市として誇りを有する大阪市において、近く設立せらるべき市立大学ならびに多年の歴史を有する関西大学に市政に関する特別講座の開設を希望してやまないのである」（同書、九八頁）。

それから半世紀以上経った。日本の都市人口は全国人口の五分の一から、五分の四近くにふえた。都市問題の質・量ともに圧倒的に拡大されている。だがこの関一の希望は、どうもまだよく実現していないようだ(12)。

(1) 堀越正雄『井戸と水道の話』論創社、一九八一年。
(2) ペティ、大内兵衛・松川七郎訳『政治算術』岩波文庫。
(3) ペティ、大内兵衛・松川七郎訳『租税貢納論』岩波文庫、所載の「賢者には一言をもって足る」(同書、一七六頁) に紹介。
(4) ロンドン県編、柴田徳衛訳『ロンドン主要下水道の一〇〇年史』東京都下水道局、一九六四年。
(5) 柴田徳衛『現代都市論』第二版、東京大学出版会、一九七六年、五五頁。
(6) 『公害研究』一九七七年夏号、特集「下水道行政の批判」。
(7) 理想都市の思想史をたどるものとしては、ルイス・マンフォード、関裕三郎訳『ユートピアの系譜』新泉社、一九七一年。
(8) E・ハワード、長素連訳『明日の田園都市』鹿島出版会、一九六八年。
(9) 柴田徳衛『日本の都市政策』新版、有斐閣、一九八一年、の特に第I章「日本の都市思想」。
(10) 岸本英太郎編、実業之日本社、一九四九年。以下の引用は本書による。
(11) 関一『都市政策の理論と実際』三省堂、一九三六年、一七二頁。
(12) 最近発見された日記等が日本生命財団の援助によって東京大学出版会より刊行の予定である。

第三章　都市問題の新段階

1　都市と婦人

「男と女」から「女と男」へ

普通「男女」と呼び「女男」とはいわない。男を優先させている。またその男と女は一対一と考えられがちであるが、都市によってその人数の比重はいろいろ違う。世界の都市により、また同じ都市でも時代により、この人口性比が異なってくるのだ。例えば、特殊な例として、江戸の中期頃の町方人口を男女別にみると、表3・1のようになる。八代将軍吉宗の享保年間をみると、男性一八四につき女性一〇〇という男の多さである。江戸の主力をなした武士関係の人口統計は見当たらないが、諸国から江戸の藩邸につとめた勤番《きんばん》の武士は、妻子を郷里に残したいわゆる単身赴任が多かったろうから、やはり右以上に男性の方がはるかに多かったろう。こうして江戸の人口は数の上からみれば、圧倒的に男の方が多く、まさに「男と女」あるいは「男」ばかり多い都市であった。吉原が繁昌するわけだ。後期になるにつれ、諸国から職を求めて流入する男の数も減り、少なくも町方人口における先の比重は、一〇八対一〇〇と均衡に近づく（ちなみに明治・大正となるとまたこの差は大きくなり、例えば東京市の大正一五年には一二二対一〇〇）。

表3·1　江戸町方人口

年　次	総　数	男子人口（A）	女子人口（B）	女子人口100につき男子人口 $\frac{A}{B}\times 100$
享保7年（1722）	484,355	313,884	170,471	184
延享4年（1747）	454,226	288,027	166,199	173
天保3年（1832）	474,674	260,149	214,525	121
弘化元年（1844）	491,905	255,793	236,112	108

（東京都『東京百年史』第1巻より）

表3·2　東京都新宿区内町・丁人口性比（昭和57年1月1日）

	総　数	男	女	女人100につき男の数
東京都	11,435,062	5,742,879	5,692,183	100.9
新宿区	330,050	162,482	167,568	96.9
市谷本村町（自衛隊・機動隊の寮あり）	2,552	2,081	471	441.8
神楽坂4丁目（花柳街）	244	88	156	56.4
市谷加賀町2丁目（女子大寮あり）	1,559	554	1,005	55.1
市谷河田町（看護婦寮あり）	2,016	762	1,254	60.8
西早稲田2丁目（下宿・アパート多い）	4,576	2,473	2,103	117.6
新宿3丁目（飲食街）	600	334	266	125.6

（新宿区『新宿区の統計』昭和57年3月より）

最近でも例えばインドのカルカッタ（人口約八三〇万）のごときは、一九五〇年代末で女性一〇〇にたいし男性一八七、一九六〇年代末で一五七とやはり異常に多い。町を歩くと、婦人が外に多く出ない習慣もあろうか、「男と女」の都市どころか、「男ばかり」の都市と見える。子供と高年齢層ではそう差はないが、女性一〇〇人にたいし、男性数が二〇歳台で二〇二人、三〇歳台で二二七人と多い（一九六一年）。

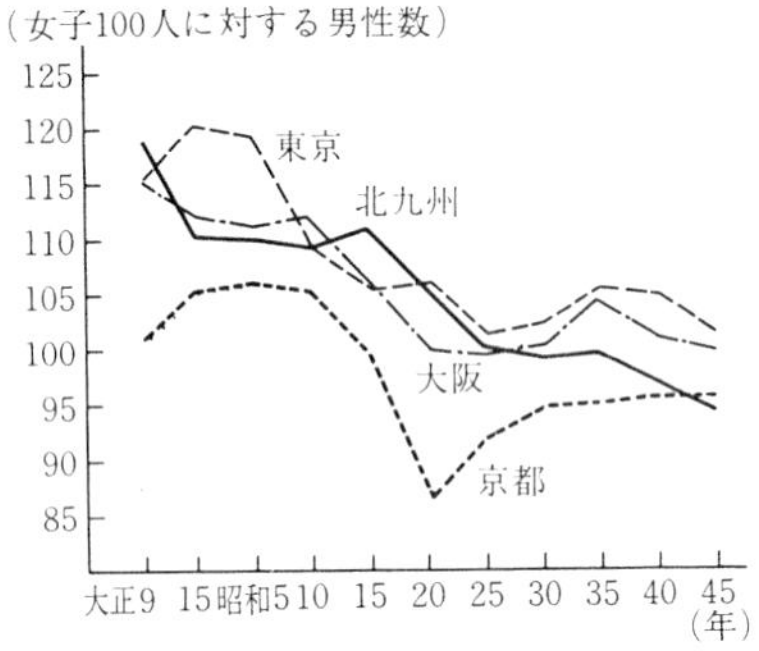

図3・1　東京・大阪・京都・北九州各市の女子人口100における男子人口の比率の推移

（大都市統計協議会『大都市比較統計年表』昭和46年版，pp. 7-14 より）

軍事基地、紡績工場とか病院の寮がある、観光の中心である……個々の事情で異なるにせよ（同じ東京の新宿区でも、町・丁により住民の性比に表3・2のように差がある）、一般の都市において、社会的にみて、女性の雇用の場が少ないほど、男性人口の比重が多くなる。これにたいし、婦人の社会的進出が進むにつれ、女性の人口比が増してくる。日本の大都市のいくつかを、大正時代から昭和四〇年代にかけてみると図3・1のようである。また一九七〇年代の世界の諸都市を、男女人口の比率別に分類してみると、表3・3のごとくである。一般に先進国には、高齢者に女性の多いこととあいまって、「女と男」の都市が多い。人口からみて、そしてさらに経済活動の内容からみて「男と女」の都市から「女と男」の都市へ推移していくようだ。

都市化と婦人の役割

若い女性は結婚して主婦となり、家庭の奥の台所を守る「奥さま」となり、夫となった男の側は主人として職場に通勤し家計収入を確保する――この形は、人類の歴史を通し何時どこでもそうだった

表3·3　世界諸都市の人口性比（女性100人にたいする男性の数）

都　市	年次	男性比	都　市	年次	男性比	都　市	年次	男性比
東　京（区部）	1960	107.0	ブカレスト	1963	90.8	（西）ベルリン	1965	76.0
	1981	100.7		1981	92.9		1981	83.1
アーメダバッド	1961	124.2	シカゴ	1960	94.7	京都	1966	96.4
	1973	120.1		1980	90.5		1981	96.0
イスタンブール	1955	123.2	ミュンヘン	1965	90.2	ミラノ	1965	88.7
	1975	112.2		1981	93.5		1981	88.2
カラチ	1951	135.2	ローマ	1961	92.8	プラハ	1962	88.1
	1981	117.7		1979	92.3		1981	87.4
名古屋	1964	103.6	バルセロナ	1963	89.3	ワルシャワ	1971	85.6
	1981	100.2		1978	89.8		1981	87.6
大阪	1955	101.2	パリ	1954	82.0	ウィーン	1961	76.9
	1981	96.8		1975	86.0		1981	80.2

（東京都『世界大都市比較統計年表』各年版より）

とは限らぬようだ。この形は、世界史的にみて、産業革命の推進、都市化の進展につれて定着してきたもののようだ。すなわち産業革命以後の都市化が進むにつれ、職住が分離し、夫は工場・会社に出て働き、主婦が家に残って家事・育児に専念する分業体制が普通となってきた。

しかし第二次大戦後、とくに先進国の都市を中心にこの状況が大きく変わってきたようだ。一つは家庭の電化が進み、主婦の労働や家庭内で働く時間に余裕が出てきたことがある。しかしさらに根本的に注目したいのは、職場における技術革新である。鉱業や重工業等第二次産業を中心として、ハンマーを振うような男の筋肉労働が逐次オートメ化され、コンピューター作業のような腕力を必要としない（婦人が十分活躍しうる）分野がふえてきた。さらに経済全体で、ファッション、デザインにアイディアを競うような都市的三次産業の比重が大きくなっている(1)。

第二次大戦後大きく進んだ民主化運動とともに、婦人運動も盛り上がった。そして前にのべたような事情を背景に、広く先進諸国の都市を通じ、婦人の社会的進出は進んでいる。主婦の職場への進出、それによる共働き家庭の増加は著しい。未婚の女性、結婚しない女性等とあわせたそうした進出のため、米国等の都市では第二次産業（製造工業）で働く夫が失業したのに、妻が会社秘書やスーパーストア、病院等で働く例がふえている。一つの推計（National Committee for Citizens in Education）では夫が外で働き妻が主婦専業でいる伝統的家庭が、一九七〇年には四八%あったのに、一九七九年には二六%、二〇〇〇年には一〇%と減るのにたいし、共働き家庭が同様に四一%から五五%、そして二〇〇〇年には六〇%、また単親の家庭が同じく一一%から一九%、さらに二〇〇〇年には三〇%に増大するだろうとしている。

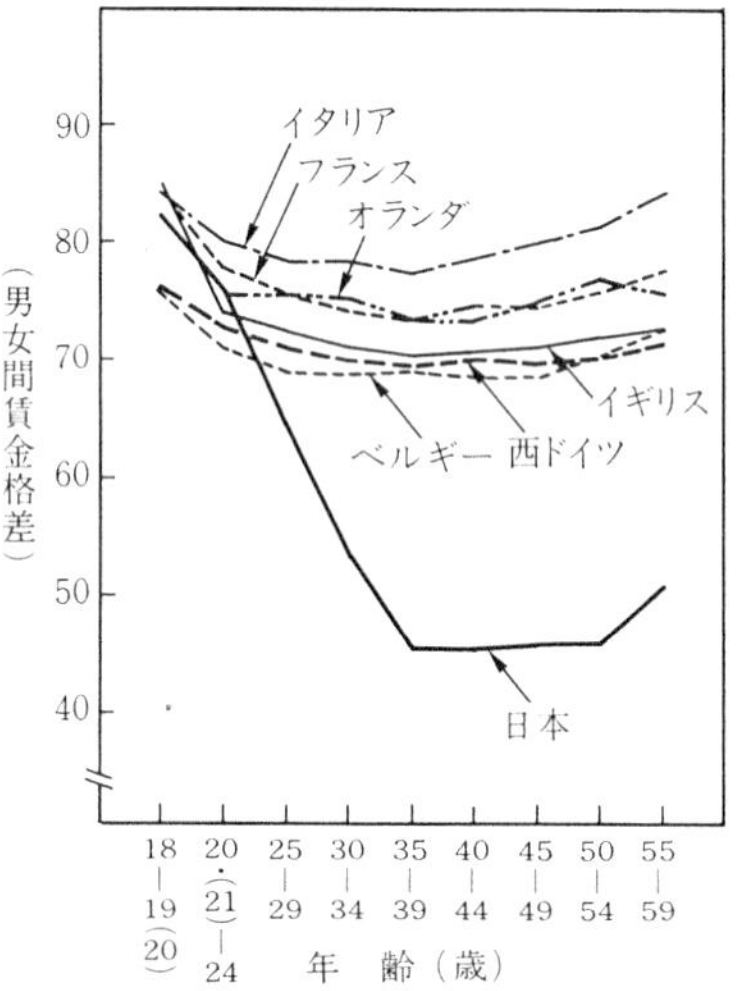

図 3·2　年齢別男女間賃金格差の国際比較（生産労働者）
（各年齢層の男子賃金＝100）
（労働省監修『図説労働白書』昭和54年度，より）

日本の都市においても、婦人の社会的進出という傾向の例外をなすとは思えないが、とくにその都市事情を思う時、今後この傾向を強める要因を見出す。それは一般都市家族の家計における金銭需要の絶対的増大、それによる共働き家庭の不可避的増大傾向が予想されることである。「苦しい時の妻、だのみ」といった句さえ出ている。

金銭需要の第一は住宅費負担である。新家庭が中・大都市あたりで住宅を持とうとすると、その経済負担は絶望的といいたいほど大きい。マイ・ホームの夢を住宅ローンでかなえようとすると、普通共働きを生涯続けて返済せねばなるまい。二世代ローンといって子供にまで返済負担が及ぶものもある。ともあれ、夫婦がともに働き、一方の収入の大部分を住宅費にあてて、やっと生活できるというのが一般の実状である。

第二に、経済発展と技術革新が進むほど相対的にコストの増大するのが、都市における教育費や医療費である。一般に教育事業は労働集約的であるが、それに高学歴社会への推移、日本的な学習塾や受験予備校の都市への集中・普及が加わり、教育費の負担は、二重三重に大きくなる。医療も同じく労働集約的であるのに加え、一方で技術革新を通ずる高度医療機器の開発、他方における都市環境の悪化（亜硫酸ガスや水銀といった直接的公害要因から、騒音・振動・悪臭・土壌汚染とか発がん性物質といった要因の拡大）と精神的緊張による不健康状態のひろがりにより、その費用負担はふえよう。寿命はのびるが、必ずしも健康のままでなく半病人のまま長生きをし高齢化する形がふえよう。

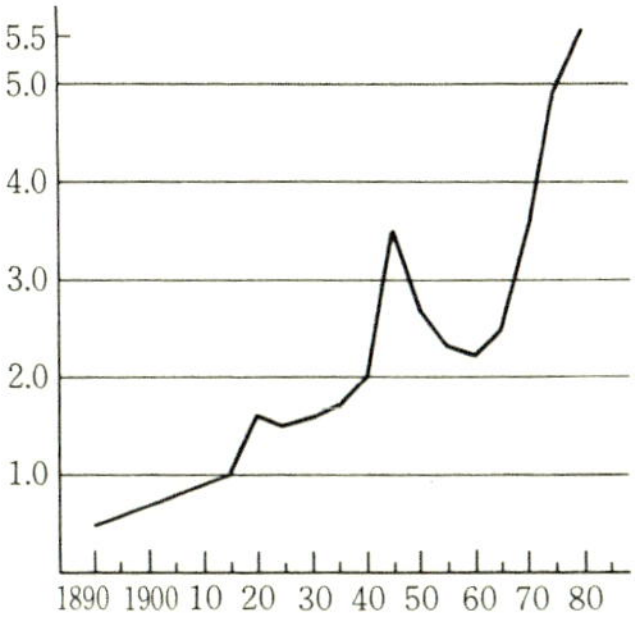

図3·3　米国の離婚率
（人口1000当り）
（*The World Almanac* 各年版より）

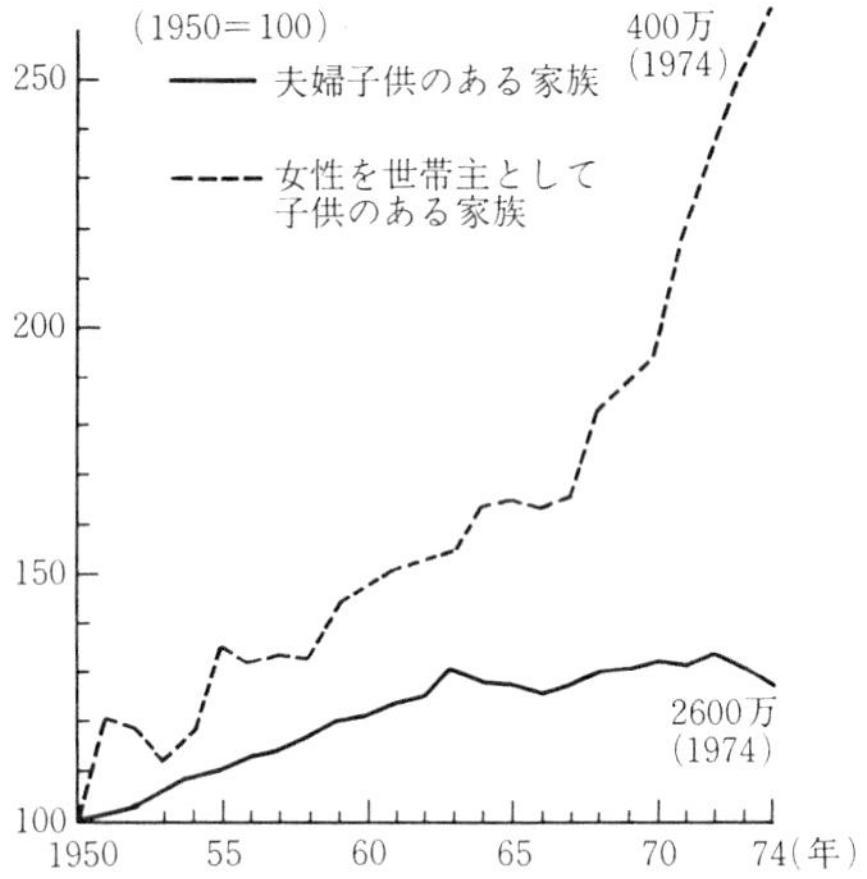

図 3・4　米国における家族数の増加率

(H. Ross & I. Sahill, *Time of Transition*, Washington D. C., 1975)

第三に、あらゆる媒体を通し、市民の欲望をあおって消費を促し、節約でなく消費や浪費を美徳とする風習が、今後もいっそうかきたてられよう。せっかく結婚式をあげるのだから、新郎・新婦そろってのお色直しの回数もふやし、引出物の箱も大きくし、新婚旅行も同じなら華やかに海外へ……となる。七五三や成人式に着る晴着も何回着られるのか分からないが、ともかくいっそう派手になるのではなかろうか。

世間に遅れないようにと不安と競争心・虚栄心をかきたてられ、家計の支出需要は今後も二重三重に強まろう。こうした支出をまかなうためにも、都市の婦人たちは、従来の「奥さま」に止まっていないで職場に進出する「外さま」の色彩をもつ傾向が、強まることはあっても、弱まることはあるまい。パートタイマーとして働く婦人がふえ、労働市場を変化させるとともに、それだけ家事・育児へのしわ寄せも大きくなろう。

しかし現在日本の都市の職場で婦人が働こうとすると、そこに多くの困難が生ずる。まず第一は男子と比較した賃金水準が、国際的にみて極めて低いことだ。図3・2のように、二〇歳前後の若い時は男性に比しても相対的に差が少ないが、三〇歳をこえると先進諸国のわずかの低下に比し、日本では男子水準の半分にもなる。より悪い条件で、より長時間働かないと、人並みの収入が得られず、それだけ家庭生活への負担が大きくなる。

いま先進諸国の都市では、離婚件数が急増している。米国のそれは、図3・3のごとくであり、結婚二四四万件にたいし、離婚一二二万件（一九八一年）となっている。再婚・再再婚もあるから、必ずしも二つの結婚のうち一つは離婚になるとはいえぬが、やはり大変な数字であり、ここから母子家庭・父子家庭——いわゆる単親の家庭（single parent family）も急増している。離婚のわずらわしさを避けての同棲（live together からさらに room mate といった表現になる）、未婚の母（正確な統計は困難だが出生数のうち結婚

アメリカの父子家庭

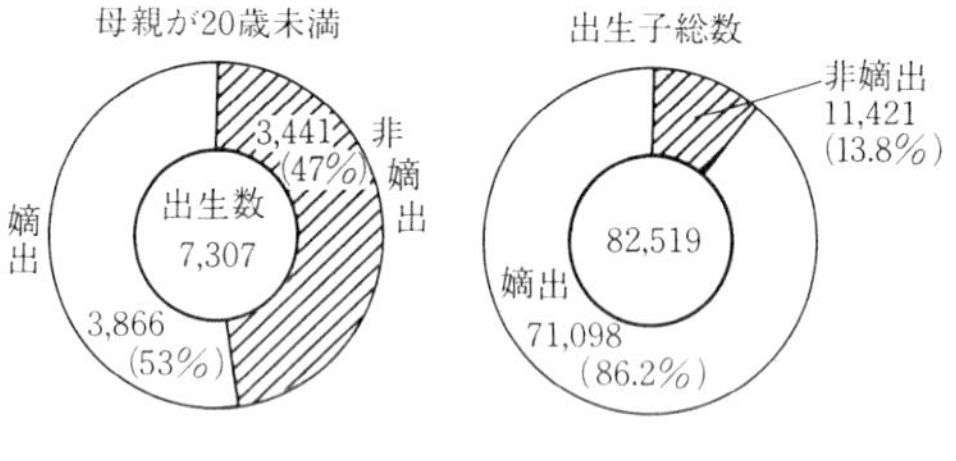

図3・5 大ロンドンの嫡出・非嫡出別出生比率 (1977年)

(*Annual Abstract of Greater London Statictics,* 1978 & 1979, より)

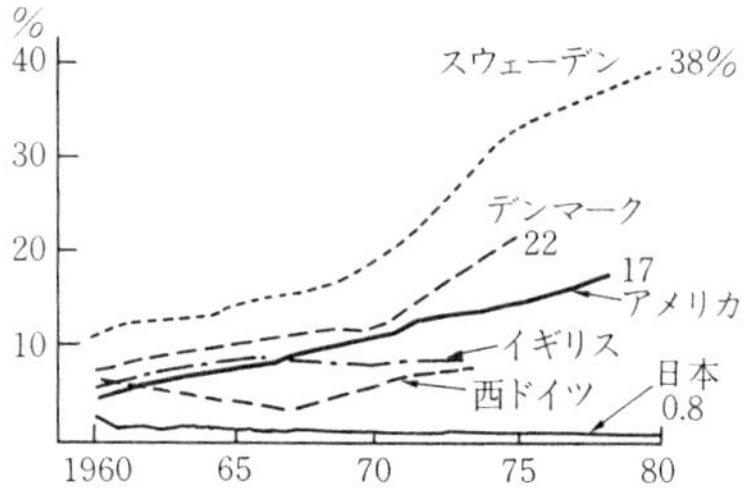

図3・6 非嫡出子割合の国際比較

(国連人口統計年鑑より)

していない母親になるものが一九七九年の米国都市において、ニューヨークとボストン市が三七%、シカゴ市四四%、ワシントン五六%、ロサンゼルス市二六%とされている)、父親の分らない子もふえている(2)。そして「女性を世帯主とする家庭」(female-headed families) は図3・4のように急増し、さらに一九八〇年には八〇〇万世帯となり、その生活難が訴えられている(3)。カナダでも全く同じ傾向が進み、一九八〇年で結婚一九・一万件、離婚六・二万件と、離婚率は七〇年から倍増している。フランスでも七〇年に四万一〇〇〇件だった離婚件数が、七九年には八万一〇〇〇件と倍増している(4)。一九七七年におけるロンドン(人口七四四万)では、出生数八万二五一九のうち一万一一四二が正式の結婚によらざる出生(illegitimate birth)と同市公式統計ではなっている。若い母親に特に多いことは図3・5のごとくであり、国際比較は図3・6のようである。

こうした形が、伝統的な夫が働きに出、主婦が常に家にいて家庭と育児に専念するという家庭を前提に築かれてきた都市の行政や都市計画に、全く違った新しい次元の問題を提起している。働く婦人を前提とすると、市役所の開く時間、ゴミ集めの方法、保育所の運営をはじめ、住宅のあり方、治安・災害対策や社会福祉のあり方等も実に広範囲にわたって新しい問題を提起してくる。

　これら海外先進都市に始まった家族変貌の動きに日本の都市も従うか、あるいは伝統的家族制度の形が強く残り、それらと関係が薄いかは、今後の推移に待ちたいが、少なくも前記の諸困難にたいし、日本の都市の体制がきわめて立ち遅れていることは指摘したい。母子家庭にたいする金銭的援助といった個別政策――いわゆる点の政策――はあっても、そうした婦人の働きやすさという視点から住宅・職場・保育所の配列を考える都市計画――面の政策――は大きく立ち遅れている。都市計画は土木から始まり、鉄やコンクリートの施設をたくさんつくること、つまり若い男の働き手を中心とする生産性向上という視点で、従来の都市計画は大きな進歩をみせてきたが、これからはまったく新しい次元での政策が求められる。

（1）　日下公人『二一世紀は女性の時代』祥伝社、一九八三年、は婦人の経済面での進出を説く。

（2）　未婚の母への案内書も欧米先進国の書店で各種見られる。例えば、P. Ashdown-Sharp, *The Single Women's Guide to Pregnancy and Parenthood*, 1975, Penguin Book で巻末に英国各地の相談機関をのせている。なお同棲を続けたばあい、住民税の扱い、相談のあり方、子供の法的地位等前例のない問題が出てくる。L. Englebardt, *Living Together*, Crown Publisher, 1981.

（3）　家庭内暴力、特に中・上流家庭にまでひろがる夫の妻にたいする殴打、それによる家庭の崩壊も注意される。幸か不幸か狭小過密な日本の住宅では、暴力はすぐ隣近所に知れわたるが、欧米の大きな邸宅では外に分らない。これらを取上げたものとして、Del Martin, *Battered Wives*, Kangaroo Book, 1976, R. Langley & R. Levy, *Wife Beating——The Silent Crisis*, Kangaroo Book, 1977. また自身、夫の暴力から子供とともに母を逃れさせる収容所を経営し、広く調査をした書として Maria Roy, *Battered Women* Van Nostrand Reinhold, New York, 1977. その他米国の家庭問題の近況を扱ったものとして Andrew Cherlin, *Marriage, Divorce, Remarriage——Social Trends in the United States*, Harvard University Press, 1981, S. Levitan & R. Belous, *What's Happening to the American Family?*, The Johns Hopkins University Press, 1981 等が参考になる。

（4） スウェーデン国立統計局調査によれば、同国の一九五〇年と七九年における結婚数が各五・四万と三・七万にたいし、離婚数は〇・八万から二・〇万と、特に最近一〇年間に急増を示している。

2 子どもと高齢者

出生率の低下現象

一般に都市化が進むと出生率が減少してくる。世界経済を通してみて、農村では食料・住宅等が自給的性格をもち、育児にそれほど費用はかからず、子どものうちから農作業の手伝いもし、若いうちから貴重な働き手となる。まさに「子宝」である。それにたいし、金銭経済にまきこまれた都市においては、育児そして教育に費用が直接かかり、成長しても経済的になかなか一人前になれない。

こうした一般経済事情に加え、日本の現状では都市の婦人をめぐり、子どもを生むために幾多の困難な要因がある。例えば子どもを生むと多くの場合会社を辞めねばならないが、終身雇用制のため、再就職は困難で、育児に余裕が出来た後も、次のよい雇用の場がなかなか見つからない。また子どもを生むには相当の貯金がなければならないし、第一生れてくる子どもの置場所——住宅の余裕——がなければならない。そして少なくも小学校に入った頃から独立の一室を与えてやりたい。ところで賃貸アパートの広告をみると、よく「子ども可」の項が出てくる。この項がない一般は、子持ち家庭お断りのケースが多いわけだ。

他方、一般の会社勤務には五五歳とか六〇歳とかの定年制がある。定年を迎えるまでに子供は一人前の社会人となってもらいたい。こう考えると、子どもは少しでも早く生んでおきたい。こうして、一方で余裕のある貯金をし、マイ・ホームのメドがつくまでとなると、子どもを生むのは少しでも遅くとなりがちであるし、他方定年後の老後を考えれば少しでも早くと考えざるをえない。結果としてせいぜい一人っ子しかつくれないとか、子どもをつくるより毎日の生活を精いっぱい夫婦だけで意義深く過ごそうということになる。こうして都市における出生数の著しい減少の連続をみる。例えば東京都をとると、昭和四〇年代以来総人口は一一〇〇万台とあまり変化がないし、出生数も四八年までは、毎年二三万前後であったが、四九年以後、図3・7のように、毎年ほぼ一万

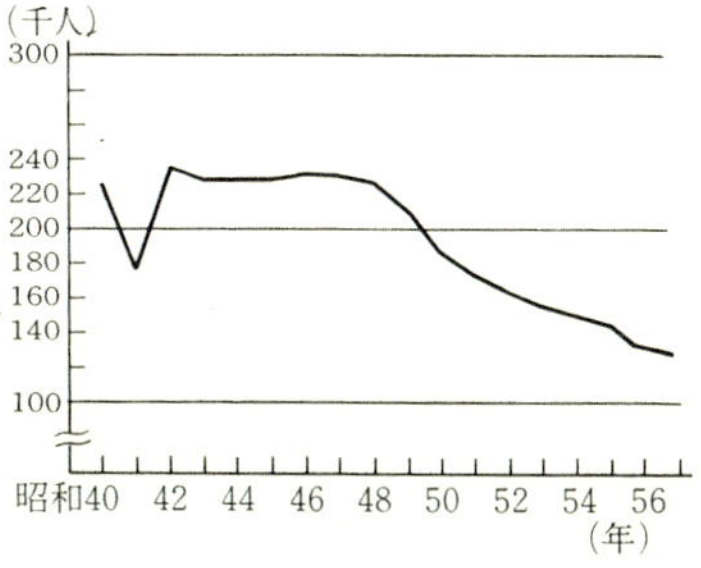

図3・7　東京都内の年次別出生数
(『東京都統計年鑑』各年版より)

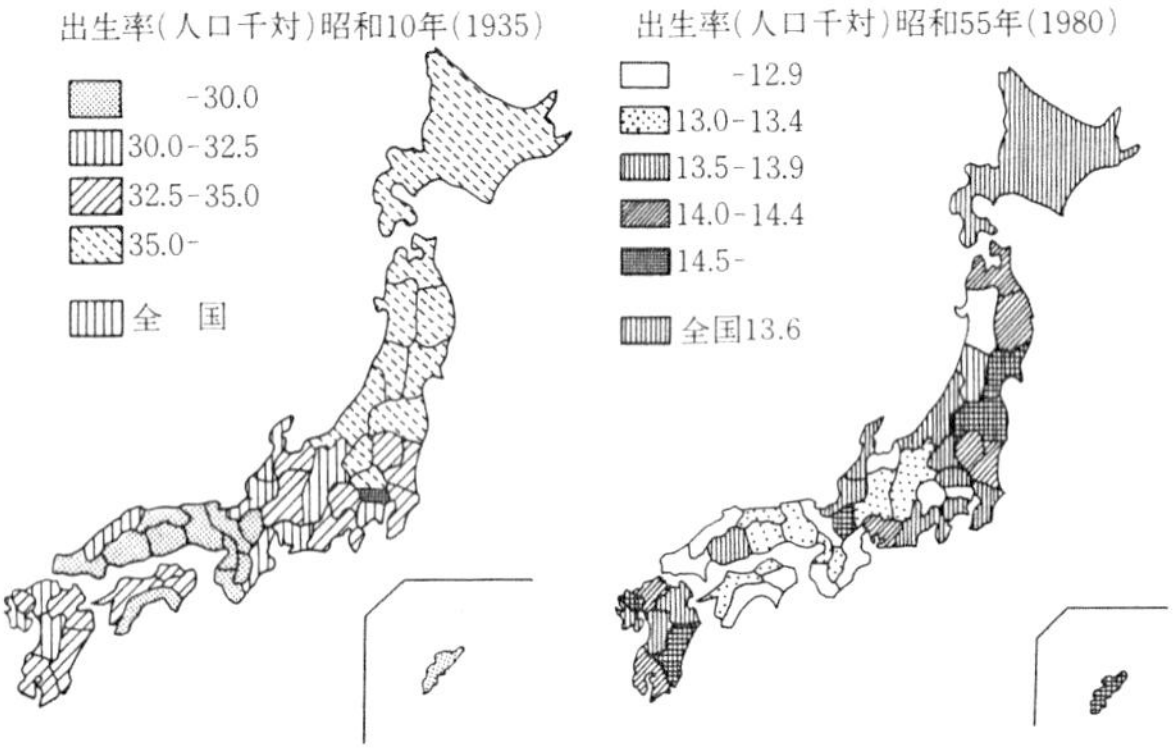

図 3・8　各都道府県における戦前と最近の出生率
（厚生省『人口動態統計』より）

人ずつ減少し続けて五五年に一三万人台まで減ってきた(五七年は一二・三万人)。大阪市でも五一年の三万九〇〇〇から毎年減り、五五年には三万となっている。

日本の長い歴史を通じ、第一章の**1**でのべたごとく、ごく最近まで、都市の人口(労働力)は、農村において、高い出生率で生まれ育った若者によって供給され続けてきた。農村は、古い昔から昭和三〇年代ないし四〇年代前半にかけて、元気で優れた若者を都会に大量に供給し続けた。昭和初期をとると、全国で生まれた子供の八割強は農村部においてであった。

しかし最近、この事情が大きくドラスチックな転換をみせている。過疎地帯のひろがりと若者の流出、高齢者の比重増大、農村自身が貨幣経済にまきこまれて都市的生活様式の入ってきたこと等々により、図3・8に示すように出生率は農村部がむしろ都市部より低くなっている。こうして日本全体として、明治から昭和初期にかけ出生率が人口一〇〇〇当たり三〇台であったものが、昭和五七年には一二・八と低下してきた。これを換言すれば、女性一人あたりの出産数が一・七人であり、人口静止の目標である二・一人をかなり下まわっている。しかも前に述べたような婦人の都市生活をめぐる諸困難が続く限り、この早急な回復は考えられまい。

次の世代の育成

こうして日本の長い歴史始まって以来、はじめて都市自身の内部で次の世代を担う人材を生み育てなければならない段階に入ってきた。すでに示したように、三大都市圏をとっても昭和四〇年代前半まであれほど多かった周辺からの人口流入も、期待できなくなってきている。こうして都市計画のあり方を大きく変え、単に経済活動が能率よくできる場から、次の世代を担う子どもを安心して多く生めるという視点を入れてこなければならない。

さらにまた、ただ生まれてくる子どもの数が減らないようにとするだけではすまない。質的に、体力があり元気で独創性に満ちた子どもでなくてはならない。この点でいま日本の都市はまったく新しい事態を経験し始めている。人類は数百万年という長い間、山野の自然の間を直立歩行し、あるいは疾走して体力を練るとともに、両手に道具を使って自らいろいろの工夫をして生活してきた。そして立派で体力のある人間に成長してきた。

ところがごく最近一〇年かそこいらのうちに、地面から大きく離れた高層アパートの一〇階か一五階の小室に一人っ子として生まれ育ち、遊び場としてはエレベーターの中かベランダしかなく、接する自然としては盆栽か鉢の金魚だけ、兜虫《かぶとむし》はデパートで買うものと思いこむ……ような子どもがふえてきた。高層に住む子どもは、下に魅力ある遊び場、共同トイレのある遊び場が近くない限り、地面まで下りてくるのを面倒がり、高層っ子として閉じこもり、人見知りが激しくなりがちとなる。こうして人類が未だ経験したことのない新しい人種が日本の都市につくられ始めている形だし、現れ始めたこうした子どもたちが成人してどうなるかまだ予想がつかない。しかも、こうした子どもたちは、ナイフで鉛筆もよく削れず、道具で何かをつくる経験も少ない。二〇〇年以上も前に書かれた『エミール』(1)でルソーは子供が自然の試練にもまれて育つことの大事さをくりかえし訴えている。

子どもたちは、ガキ大将を先頭に集団で遊ぶことにより、社会的知識を得、体力・腕力も強くなり、身のこなしを習得するが、不幸なことに日本の都市の公園・遊び場は、諸外国に比して極めて少なくなっている。多くあった空閑地（雑草地）も、次々と鉄条網に囲まれ、マンションが建ったりゴルフ練習場になってしまう。子どもたちの絶好の遊び場たる町なかの小道路にも自動車が侵入し氾濫し、危険な場として追出されてしまった。

他方、先にのべた事情に加え、テレビやコンピューター・ゲーム等の普及で、ますます一室に閉じこもる「鍵っ子」の「一人っ子」がふえていく。

食品添加物、インスタント食品の多用が子どもたちの栄養を偏らせ、固い食品を嚙むくせが減ると、あごの発育を遅らせ、歯ならびが悪くなる。さらにまた運動不足から虚弱肥満児がふえ、すぐころんで骨を折るとか、腰痛・高血圧症といった成人病・老人病が子どもたちの間にひろがっているという(2)。また自閉症、登校拒否や校内暴力、少年非行……のひろがりも憂えられる。

従来、子どもを少しでも多く元気いっぱいに育てようという視点が日本の都市づくりには大きく欠け、生産・流通活動第一で来た。たしかにそれ故にこれまでの経済成長に輝かしい成果をあげえた。それで十分だった。しかし今後は、こうした都市の過密に育つ虚弱肥満児が、次の日本経済を支えるのである。新しい都市政策の視点が出されないと、明日の日本は健康という面からも潰れてしまう。

いま日本の都市には、世界の都市に比類をみない多くの学習塾、受験予備校が集まっている。芸能・お稽古ごとならけっこうだろうが、こうした受験塾を通し、小さい子どもの頃から放課後夜おそくまで受験準備の方に大変な労力をそそいでいるのが実状だ。後進国日本が先進国に早く追いつくためには、この形はきわめて有効だったろう。しかし、この偉大な努力は、一方でいわゆる丸暗記人間とか落ちこぼれをつくるし、日本がこれから文化的に世界に貢献できる独創的個性的人間——いわゆる自分で考える子どもたちをつくるのに有効だろうか。これからの都市は、こうした可能性をもつ子どもが育つよう、それぞれの都市自身が文化・独創性に満ちたものにならねばならない。都市財政のあり方も、補助金・起債許可で全国を上から画一的に規制するものでなく、こうしたものを個別の都市が自由につくりだす余裕の出来るものとさせねばなるまい。財源面からも同じ工夫が必要だ。

高齢者と都市の大変貌

「人生五〇年」——長らくいわれて来たこの言葉も、戦後わずかの間に平均寿命が世界にも例がな

表3・4　65歳以上の者のいる世帯の構成比　（単位：%）

世帯類型	単独	夫婦	夫婦と未婚の子	片親と未婚の子	三世代	その他
大都市	17.2	21.2	10.1	5.9	33.7	12.0
一般市	10.1	16.8	6.9	4.0	50.4	11.8
郡部	8.2	12.6	4.6	2.3	58.4	14.0

（厚生省『厚生行政基礎調査・昭和55年』より）

いほど急速にのび、最近の発表によれば男の平均寿命は七三・八歳、女が七九・一歳で事実上世界最高となり、「人生八〇年」になろうとしている。この劇的変化の影響が、これから都市に大きくこようとしている。従来、日本の都市は若者が多かった。戦前は都市での退職者は、「故郷に錦を飾る」ために農村へもどる人もいたし、戦後もこれまで高齢者の比重は極めて少なく、またその少数高齢者も大家族に支えられていた。都市設計もまた高齢者を念頭に置かずにすませてきた。またそれですんだ。しかし、最近では大都市ほど高齢者のいる世帯が目立ち、農村に比して表3・4のような構成を示している。

しかも、これから世界のどの都市も経験しなかった急激な変化が日本の都市に確実に到来する。日本全体として、いま一〇%に満たない高齢者（六五歳以上）人口が、二〇二〇年には二一・八%になると予想されている。この傾向は、都市部にさらに増幅されて出てこよう。医療の進歩とともに平均余命はさらにのびよう。そして戦後のいわゆるベビー・ブーム時代に生れた人々——現在の都市の若さを支える中心——がいっせいに定年を過ぎ二〇一〇年あたりとなると、日本の都市の姿は、高齢者の目立つ西ベルリンやウィーン、あるいは高齢者ばかりの米国における退職者都市の光景に近くなろう。しかも高齢者を支える家族は従来の大家族でなく、核家族あるいはさらにその分裂した形が多かろう。まだ一人っ子の子どもが在学中で定年に近づいた中年夫婦が、七〇歳台をこえた各人の両親四人にさらに九〇歳台をこえた祖父母数人（最高八人）の面倒をみる（そのうちには寝たきりもいる）といった図も将来はふえてくるだろう。独り暮らしの高齢者も急増しよう。

新しい視点の都市計画と財源

中層公営住宅、通勤ラッシュ、駅の階段……すべて若者なら問題なく、大変能率よくつくられている。日本の都市計画は、若者たちが生産能率をあげようという視点でみると、まことに優れている。だが階段を五段か一〇段登るのがやっとの高齢者が、エレベーターなしの公営住宅の三階、四階に住み、広い自動車道路の横断橋をこえて公衆浴場に通う……となると深刻だ。この人たちが駅の六〇段、一〇〇段（地下鉄の一例）の階段を見上げれば、エベレストに登山するような気がしてこよう。火の始末も心配である。また農村に残した両親が老齢化し、都市のマイ・ホームに引き取ろうとすると、その狭さ――住宅難が絶対的困難となってくる。

従来都市政策における高齢者対策というと、医療・年金といった個人個人にたいする施策や老人ホームの建設といった物的施設が中心となっていた。もちろん今後いよいよこれらは充実せねばならない。しかしそうした点とともに、都市計画という面において、高齢者に住みやすい安全な都市づくりをあらゆる施設にわたって進めねばならない。職を離れた元気な比較的若い方の高齢者に、体力が弱まって寝たきりの高齢者の世話をたのむ形も組織化する必要があろう。

ロンドンの横断歩道には各種の標識があって自動車運転者が識別しやすく，また歩行者のために中央に安全地帯があって車椅子でもわたれる．

金銭ではかった生産活動・所得額を最大にするという視点から、人生に精魂を傾けた先輩の生涯を尊ぶという視点に移した全国的都市再開発の事業を、今から早急に始めないと手遅れになる。手遅れになると、その負担は高齢者を支える家族とくに婦人にかかり、その病気はふえ、出生率はさらに下がる。高齢者の問題はそのまま婦人の問題、子どもを連れた婦人、そして子どもの問題につながる。都市で子どもの数が減れば、高齢者の占める比重はさらに大きくなる。都市全体の活力も「縮小」していく。日本経済全体の活力がそれだけ弱まってしまう。

高齢者（身体障害者、子ども、子どもを連れた婦人とそのまま読みかえてよい）が、安心してゆっくり交差点を渡り、途中で赤信号になるのを心配しないよう、やや幅広い道路には中央に安全地帯を設け（中央分離帯の役も果す）、各種標識をつけ、視力の弱い高齢者のため標識板を大型化したり、色彩のある電灯点滅装置をつける等から始まり、イギリスやスウェーデンのニュータウンで見られるように歩道を立派につくり、自動車道はその下をくぐらす等となると、すべて予算が必要になる。

国債を巨額にかかえ、一般経費や補助金はみな前年度より削減といった事態では、そうした事業を進めるための財源を新たにつくることは無理という主張があるかもしれない。しかし道路事情が極度に悪く、先進国の経済水準に追いつくことが至上命令だった昭和三三年に施行された「道路整備緊急措置法」により、揮発油税の全額と石油ガス税の半額が、「国が支弁する道路整備費の財源に充てなければならない」（同法第三条）とされた。その他道路財源用目的税としての国税・地方税を合算すると昭和五一年度で、国が約一・六兆円、地方が七〇〇〇億円にもなる(3)。その使途としての「道路の整備」は、当時は「自動車交通の……能率の増進を図り、もって経済基盤の強化に寄与すること」（同法第一条）とされた(4)。しかし、「緊急の事態」が大きく変化した現在、「道路整備」の内容に、「高齢者が歩行しやすい」を大きく加味すべきでなかろうか。そうすれば、巨額の財源がそのままこの面に活用できることとなる。それは、同時に先にのべたように子どもが元気に育ち、婦人が安心して住める町づくりに通じる。さらに輸出の増加による日本経済の発展が貿易摩擦等で困難を予想される、否、すでにそれに直面する現在、それに代る国内需要の喚起として、こうした高齢者、子ども、婦人の立場からの都市計画事業の推進が、大きな新しい意義をもってくる。

以上は、高齢者（すなわちまた子どもや婦人）の視点から都市計画の物的施設の整備を求めたものであるが、さらに情報化時代といわれる現在、その面からの工夫も進めたい。例えば、一人暮らしの老人が事故が起ればすぐ危険信号を送るとか、ボケ老人の戸外への徘徊が始まっても、その位置をすぐ電波で測定し、また一定地域から外に出ると警報を発する等は、都市の施設としては技術的に容易に整備できよう。今の日本の経済力と技術水準なら、相当なことまで可能だ。

（1）ルソー、今野一雄訳『エミール』上・中・下、岩波文庫。原著の初版は一七六二年。

（2）東京都教育委員会「五八年度公立小、中学校の児童、生徒体力調査報告」（昭和五九年三月）によれば、身長、体重、胸囲など体格は全般的に良くなっているが、柔軟性を示す「立位体前屈」では、一〇年前を一〇〇とすると、中三男子が七五、小五女子が九五。筋肉の持久力を示す「斜め懸垂腕屈伸」では、小・中学生とも同じく八二ないし九七。

（3）東京都新財源構想研究会第六次報告「東京都財政の緊急課題」（昭和五三年一月）より。

（4）この第一条は、昭和五三年に「この法律は、道路を緊急かつ計画的に整備することにより……もって国民経済の健全な発展と国民生活の向上に寄与することを目的とする」と改正された。しかし本論のごとく税収の主力はやはり道路建設財源にむけられている。

3　ゴミと文化

急増するゴミ

「都市とは何ぞや」

「ゴミをたくさん出す所である」

たしかに、ごく最近は別として、農村からゴミは外に出なかった。かつての日本の農家をみると、米をとった後の藁《わら》で屋根をふいたり、「わらじ」や蓑《みの》をつくったりしたし、残飯は豚の餌となった。人間の排泄物――し尿は、便所に貯えられてから汲取られ、集められた落葉とともに貴重な肥料となった。まことにムダがなく、自然の秩序に従いながら、すべてがうまく循環している。

ところが、自然を征服して人間がつくりだした都市からはゴミが出て、これを特別に処理せねばならない。とくに昭和三〇年代後半辺りより、日本の都市からはすさまじい勢いでゴミが出はじめた。経済学は普通、使用価値、交換価値から論議を始め、水や空気は使用価値は大きいが交換価値はないからとまず研究の対象から外す。そして交換価値のあるもの、値札のつく商品について研究を進める。したがって値うちのなくなったゴミなどはとり上げない。「塵《ちり》・芥《あくた》のごとく扱う」という言葉があったが、「ゴミなんか」と社会的に軽蔑されてきた。

だが昭和三〇年代に入り、世間から軽蔑され目につかないように都市の一角に隠されながら、そこに止めどなくゴミは大きく山積みされ始めてきた。市民生活の栄枯盛衰の夢の果であるゴミの大群にはそれぞれのゴミに怨念がこめられているようだ。つまらぬものと軽蔑していると、そのうち爆発して都市を窒息させる――「ゴミは復讐する」のである(1)。

もちろん世界のどの都市もゴミを出すが、その量の増加は、ほぼ人口増に比例している。戦後のロンドンのゴミ排出量をみると年率にしてせいぜい平均一%弱のふえ方だった。ところが日本では、こ

昭和30年頃のゴミ収集．ゴミ車からトラックへの人手の作業（東京都清掃局資料）．

の昭和三〇年代から四〇年代にかけて、人口急増と一人当たり排出量の急増とが重なり、多くの都市が年率一〇％から二〇％といった類を絶した爆発的なふえ続け方をしてきた。この急増の始まりは先にも述べたように、経済成長の本格化する一九六〇（昭和三五）年前後に求められる。その前年「消費革命」なる言葉が登場し、この年に「所得倍増計画」が始まり、やがて新産業都市指定をめぐる大陳情合戦となる。世界経済からみて、集積の利益をもっとも追求した日本的高能率性を誇る臨海コンビナートも次々と建設され始めた。生産活動の本格化である。そしてこれに対応し、市民生活の需要をかきたてることが第一とされた。

このためにとられた作戦が、人々の嫉妬心に訴え、他人に負けぬよう少しでも華美な最新流行品をもたせて虚栄心をかりたて、これを現代

現代のゴミ，アキ缶の山（福岡市にて）

の成功者と讃えることである。そもそも嫉妬心は、心を忙しく働かさせながら消費・浪費的なものである。せっかく何百年かけてつくられた日本の伝統的「節約の美徳」も、ここで一気に「使い棄ての美徳」に変わってしまった。つまり、捨てさせる（ワン・ウェイ化）、ムダづかいさせる、すぐ旧式とし最新流行品を追わせる、セカンドを持たせる……の「消費革命」の論理がひろがり、冠婚葬祭や盆と正月の贈答品は毎年大規模となり、企業の広告費や交際費は限りなくふくらんできた。経済活動の集中する都市に、ゴミの洪水がおしよせた。

ゴミ戦争の開始

一九六〇年代に本格化したゴミづくり

経済は、一九七〇年つまり昭和四五年あたりから全国の都市に問題を噴出させ始めた。広島・豊橋・沼津……清掃問題に直面したこれらの市に話題は多い。しかし量的規模の大きかったのは東京都のゴミ戦争であり、それは昭和四六年九月に、江東区の都内ゴミ受入れ拒否という形で爆発した。都の一部局である清掃局だけでなく、都庁全局を総動員して「ゴミ戦争」がこの時に宣言され、関係者連絡用にとザラ紙による『ゴミ戦争週報』(2)が一二月一〇日から毎週刊行され始めた。その創刊号巻頭言で、「ゴミに光をあてよう」と題して、私はこう訴えた。

「汚く臭いゴミをなんとか始末するのがゴミ戦争の目標と考えられているし、また当面はその通りであろう。しかしこの戦争の根はじつに深い。問題の根は、大量消費のムダづくり経済にある。ゴミやそれにたずさわる仕事を軽んじた考え方にある。……もう門構えや床柱を立派にしなくともよいではないか。代わりに日陰に置かれた台所、ゴミ箱、便所に光をあて、立派にしよう。高層ビルがそそりたち、ネオンが輝かなくともよいではないか。……何が真に大切で人生に価値あるものか。現代文明のあるべき姿は何か。それがここで問われている」。

さてこうして、昭和四六年末から四七年、四八年と、東京都政もまさに総力をあげてこのゴミ戦争にとりくんできた。幸い都民の関心も深まり、自分たちの問題として各地でとり上げられはじめた。だが実際に当時都の企画調整局長としてゴミ戦争に直面した著者として、疑問が提起されてきた。

問題の解決

何とかゴミに光を当てたい——かつての悲願がこのゴミ戦争を通じて大きく達成され、人員・機材や予算も大きく改善されてきた。処理もはかどるようになった。しかしこうしてゴミの大量処理が達成されればされるほど問題が出てきた。市民の家の前から円滑にゴミを片づけ消えさせるほど、二つの問題が出てくる。まず第一に、こうして円滑に市民の目の前からゴミを消すほど、それ以上の勢いで消費が促されゴミがより多く出てくる。二倍始末すると、三倍ゴミが出てくる。三倍の量を処理すると、五倍も多くゴミが出てくる……という次第だ。次に第二の問題がある。質量不変の法則というものがある。すなわち市民の眼前からゴミが消えたということは、その都市の片すみあるいはどこかの処理場へそのゴミが（焼却すればその残灰が）追いやられたというのにすぎない。地域全体の問題を、その片すみの一ヵ所へ集めたというのにすぎない。その終末処理場へすさまじい勢いでゴミが集まってくるのであり、そこへ問題を集中させたのにすぎない。

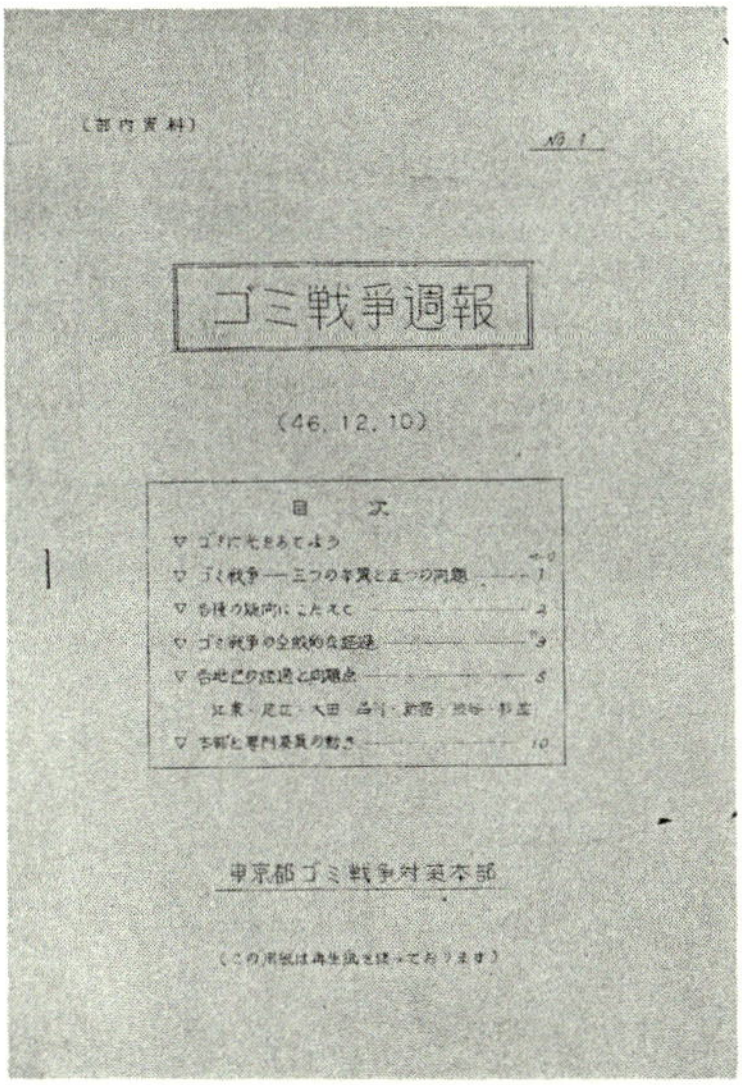

『ゴミ戦争週報』創刊号

　ゴミを市民の各家庭の眼前から円滑に処理し消えさせるほど、その都市全体としてみると、ゴミ処理場を大規模とし、その周辺特定地域の人々に犠牲を強いることになる。問題の解決になるどころか、むしろその拡大となっている形である。

さらにゴミには時間差攻撃がある。生鮮食品が昼に売れれば、そのまま夕方には台所のゴミ（ちゅう芥）となって出る。ところが昭和四〇年代になると電化製品・スチール家具・自動車・ベッド・ピアノといった耐久消費財が大量に普及し始めた。これらは五年・一〇年・二〇年と使い古されてから、大型で頑丈なゴミ（粗大ゴミ）となる。その多くはいまだ各家庭に豪華な品として飾られているが、将来の恐るべきゴミ予備軍である。

さらに「ゴミのゴミ」が出てくる。燃やせるゴミを能率よく焼却すれば、それだけ残灰が出てくる。一〇〇トン焼けば、一五トン、二〇トンと残灰が出てくる。下水道を普及させ汚水を処理させねばならないが、それを普及させればさせるほどその処理場から汚でいが出てくる。こうしてゴミを処理する過程で出てくる各種のゴミは重金属を含んでいたりして、処理はそれだけ慎重を要する。特に乾電池中の水銀、建設廃材中のアスベスト等は清掃工場からのダイオキシンとともに危険性が高い。

工場や営業活動から出てくるゴミ（産業廃棄物）、原子力関係の使用済核燃料となるとさらに問題は尽きない。

今後の方向

有害危険な産業廃棄物や放射能関係のゴミは特別の形で扱うとして、当面すべての都市が頭をかかえている一般家庭のゴミは、どう今後の対処の方向を考えたらよいだろうか。

基本は、生産と浪費を第一とし、ひたすら物的成功を求める経済のあり方を根本的にあらため、いま一度資源を節約し、ゴミの排出量の少ない都市のあり方を求めることである。出てくるゴミにムダはないか。真剣に求めると、不用意に出されるゴミが極めて多いことに気付く。広島市のゴミ非常事態宣言に際し、市役所自身で内部から排出されたゴミを厳重に調べた。すると半分まだ使える鉛筆や消しゴム、ほんの一部しか書かれていない用紙、そっくり使えるヒモが多く、すべてそれらは事務室へ持ちかえりをさせた由である。最後に止むをえぬ真のゴミとして残ったものは、茶殻《ちゃがら》等驚くほど微量となった。

こうした努力の余地は大きいにせよ、いずれにしてもゴミを出さないわけにはいかない。そこで、「禍を転じて福となす」式の考え方が求められる。すなわち本節のはじめにのべたようにゴミの再生利用をはかり、都市における廃棄物の氾濫を防ぎながら、資源の保護・節約をはかるのである。

新聞・雑誌類の古紙、空き缶（鉄・アルミ）、ガラス（空きびん）、屑鉄、古繊維等は、皆回収されれば、貴重な資源として再利用の道が開ける。ここにおける経済法則は通念と反対に、「供給がふえるほど単位当たり価格も上昇する」のである。一個だけ往来にころがったアルミ缶は誰も見向きもしない邪魔ものだが、一〇〇〇個集まれば有価物となり、一トン、二トンとなれば大変な価格となる。それら資源ゴミも各家庭から一緒くたに出されたのでは困る。それぞれの種類に応じ、出来るだけ細かく「分別」し、それぞれを別々に集積させることが要点である。

これには、地域全体の各家庭が、そろってよく理解し、よく協力しないとできない。主婦や元気な高齢者パワーが、この運動に結集し、団結しないと成功しない。しかし成功すれば、ある程度の収入を得ながら（それを地域の子供図書館、コミュニティ・センター等の資金とする例も多い）、地域連帯の大きな運動を進めることができる(3)。

同時に、このための都市計画を進めねばならない。右の地域運動の最大の隘路は、分別した回収用廃品を貯える場がないことである。また一般にゴミを搬出しやすい住宅・団地・高層ビルの設計、収集トラックが作業しやすい道路設計……といった視点からの都市建設を進めなくてはいけない(4)。

京都の空き缶回収運動は、美しい嵯峨野の住民運動から始まる。古都京都の美しさに魅せられ、全国から年間三〇〇〇万もの人々が訪れる。しかしそこで心なく棄てられる空き缶が、都市の美しさをこわす。こうして市民が立ち上がったのであった(5)。空き缶回収の方法としてデポジット回収方式が提唱されているが、小売店（あるいは回収センター）での空き缶引き取り体制、その置場（圧縮装置）の整備等をメーカー側の負担ではかりつつ、回収を経済的精神的に強制せねばなるまい。また容器を現在と反対に頑丈・高価なものとして規模を統一して何回も各メーカーが回収利用させる方向も考えたい（酒の一升びんには昔の人の知恵がこもっている）。またこうした運動は一市一町のみでは進めにくい。全国の消費者・自治体が連合して初めて大きな力となりうる。

以上を要するに、経済活動を消費の立場から、そしてゴミ処理を容易にするという視点からみるのである。したがってそれを困難にさせるものは生産自身を抑制するとか、とくに耐久消費財のようなものは粗大ゴミになった時に解体しやすいよう、また部品を再利用しやすいようにあらかじめ生産の段階で設計することが求められる。

（1）　拙著『日本の清掃問題――ゴミと便所の経済学』東京大学出版会、一九六一年、は、こうしたゴミ問題がまさに始まる頃、問題の所在、歴史的背景から、技術と財政、現場で働く人たちについて述べたものである。その後汲取便所の問題は下水道問題に移ってきたが、ゴミ問題は同書出版から一〇年後に大きく表面化した形である。

（2）　『ゴミ戦争週報』には、筆者も企画調整局長として当初しばらく編集に参画したが、直接に執筆した論文としては、創刊号の「ゴミに光をあてよう」のほか、「市民奉仕のあり方」（四号）、「恐るべき使い棄て時代」「戯れに石は投げまじ」（五号）、「紙、この不思議なもの」（六号）、「清掃大学・清掃図書館の夢」（七号）、「新入職員の研修」（八、九、一一号）、「考え方の逆転――ゴミを王様に」（一〇号）、「ブダペスト市の清掃事業」（二一号）、「モスコーの清掃事業」（二四号）等々がある。

（3）　東京都町田市ふじの台団地のリサイクル運動を例にとると、家庭ゴミを空カン、古新聞、古雑誌、ボロ、ダンボール、ガラス（カレット）、生ビンと分別して業者に回収させたところ、昭和五七年四月までの一年間に計一四四万円となり、集会所建設、子ども文庫等の資金に利用された。こうした事業に退職後の高齢者パワーの助力を求めることなども工夫の余地があろう。

（4）　東京都町田市では、昭和五〇年に筆者を委員長とする「環境問題研究委員会」を発足させ、分別収集からゴミ再資源化の研究やシステムづくりの作業を進め、そうした作業の中心であると同時に、新しい文化のあり方をそこから考える場として、昭和五七年に町田リサイクル文化センターを建設した。町田市清掃施設連絡協議会『ごみと文化――リサイクル文化都市への挑戦』工業図書株式会社、一九八四年、参照。

（5）　長尾憲彰『カンカン坊主の清掃ゲリラ作戦』樹心社、一九八四年、は、京都奥嵯峨の常寂光寺住職が空カン公害と市民運動による奮戦記をまとめたもの。

4 物質の流れと環境

都市の物質循環

ゴミを正式にいえば、経済活動に伴い、その結果出てきた「固形廃棄物」のこととなるが、もしこれを固体でなく、気体について考えれば大気汚染をもたらし、液体の形で考えれば水質汚濁をもたらすこととなる。前節でゴミ問題を解決するための今後の方向として、なるべくゴミを出さぬように、また出たゴミはできるだけ回収して有効な再資源として再活用するようにと述べた。これを大気や水にもあてはめて拡張して考えれば、都市における物質全体の流れ（循環）を、できるだけ合理化し、ムダをなくすようにとなる。それが実現されれば都市における公害の発生は抑制され、環境が改善されることとなる。

都市は、人口や政治・経済の中心地であると同時に、またそれなるが故にあらゆる物質やエネルギーがそこに集積してくる。それらの物質やエネルギーは、経済価値のある商品として、船舶・トラック・鉄道等種々の交通機関によって都市へ運びこまれるだけでなく、いろいろな自然現象、例えば大気の循環や河川による運搬などによっても都市圏に流入してくる。

都市圏外から流入した物質――エネルギー、食料、原材料、製品、水、空気などは、都市の中でさまざまな物理的変化や化学変化を受け、またそれらの過程で、その経済的価値を増減させつつ、やがて最終的には各種の形をとった廃棄物――ゴミ、大気汚染物質、水汚染物質などとなって、都市外へ運び去られるか、あるいは都市内に建築物や耐久消費財、時には埋立てられた固形廃棄物として蓄積されていく。

またさらに、一部は都市内で加工され、商品として多くが都市圏外に再び出されていく。

このような都市の物質の流れは、人体の代謝機構に対比して考えることができよう。かつて一七世紀中期にフランスのルイ王朝に医者として仕えたフランソア・ケネー（François Quesnay, 1694-1774）は、血液の循環になぞらえて、ルイ王朝下における財（生産物）と資金の循環を考え、『経済表』(1)を発表し（一七五八年）、封建君主の奢侈的浪費が経済活動の合理的な循環を破壊することを訴えた。

そもそも人間の生物的機能を保つためには、食物・空気・水などが必要であり、体内で十分に利用された物質は、やがて排泄物として体外に出され、また代謝過程で物質の一部はエネルギーとして失われていく。

先に述べたように、都市を一つのシステムとして考えると、体内のこうした代謝過程と多くの類似点を見出すことができる。換言すれば、エネルギーや物質を絶えず取りこみ、これらの物質の物理・化学的変化の過程で放出されるエネルギーを都市の活動源として使い、一部は都市の成長に使い、もはや利用価値のなくなったものを廃棄するという一連の過程によって、都市の構造と機能が維持され

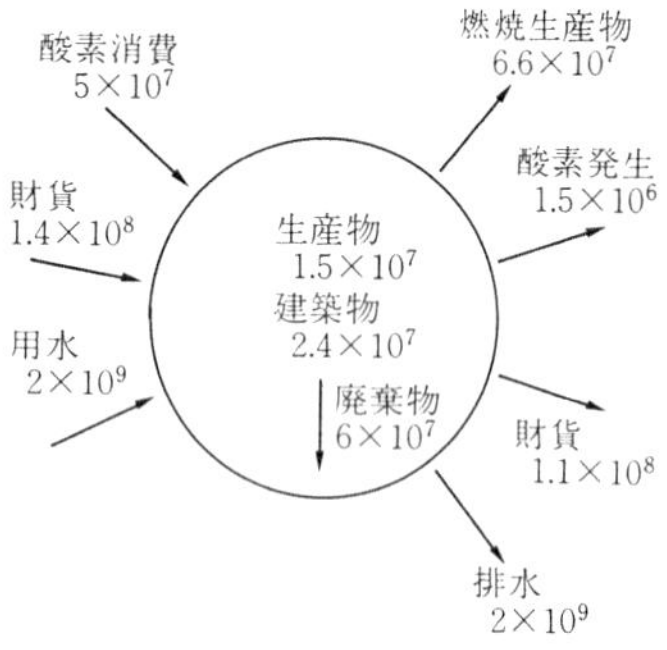

図3･9 東京都における物質の流れ
（昭和45年，単位:トン/年）
（半谷高久・秋山紀子「環境管理の地球化学的基礎」『季刊環境研究』昭和56年8月，より）

ている。

都市の物質収支

このような都市の物質循環を、一つの大都市東京を例にとって量的な面から推計したものに、東京都立大学の半谷高久教授らによる図3・9のようなものがある。すなわち同図によれば、年間約一億四〇〇〇万トンの物資が都外から搬入され、また都内で一五〇〇万トンの物資が生産される。搬入された物資は、その一部は生産物や建築物として都内にストックされ、また一部は製品として搬出されたり、燃焼生成物や廃棄物として郊外へ運びだされる。

このような物質の流れからみると、都市は、単位面積当たりのエネルギー消費がきわめて大きく、光合成などによる酸素の生産量に比し、燃料燃焼による酸素消費の量も非常に大きい。また人間や貨物の移動が、単位面積当たりでみてもとくに大きい。これをより一般的な言葉で表現すれば、都市とは、物質の流れや活動の強度がきわめて高く、種々の物質が集積している場所ということになる。また都市は、清浄な空気や水を運びこみ、この空気や水を通して汚れたものを運び去ると同時に、汚染物質の終着駅としての役も果たしている。こうして都市というシステムは、それ自身で自立しえず、外部のシステム——農村やさらに外国へ大きく依存することとなる。

汚染の発生

このような活発な都市活動に伴う物資の動き——その速さと強度は、当然のことながら環境に大きな負荷を与えることとなる。環境への過重な負荷は、いわゆる都市の慢性的な環境の悪化としてあらわれる(2)。また物資の流れのどこかに乱れがおこると、各種の公害問題をひきおこす。

例えば都市へ搬入された燃料は、自動車・暖房・工場・都市施設用などとして消費されるが、その過程で、多くの汚染物質を排出させる。昭和五五年の東京都内におけるそれら大気汚染物質の発生源別排出推定量は、いおう酸化物二・七万トン（工場が主）、窒素酸化物七・五万トン（自動車が約八割）、一酸化炭素二〇・八万トン（自動車が主）、炭化水素一五・七万トン（自動車が二割弱）等の大量なものとなっている(3)。またこうした燃料に伴って出される熱は、都市全体の大気を暖め、いわゆるヒート・アイランド現象を起こす(4)。

水の汚染に目をむけると、下水や工場から排出される窒素や燐などの栄養塩は、琵琶湖や諏訪湖、霞ケ浦等を汚し、瀬戸内海や伊勢湾、東京湾等に赤潮を発生させる。東京湾を例にとると、そこへの沿岸地域における発生負荷量は、毎日窒素三四二トン、燐四一トンに及び（昭和五四年度）、この結果湾内水中現存量は、窒素一万二八〇〇トン、燐一九八〇トンに及ぶと推定される(5)。こうして毎日の流入量を極力削減せねばならないが、それに成功したからといって翌日からすぐ湾内が清浄にならな

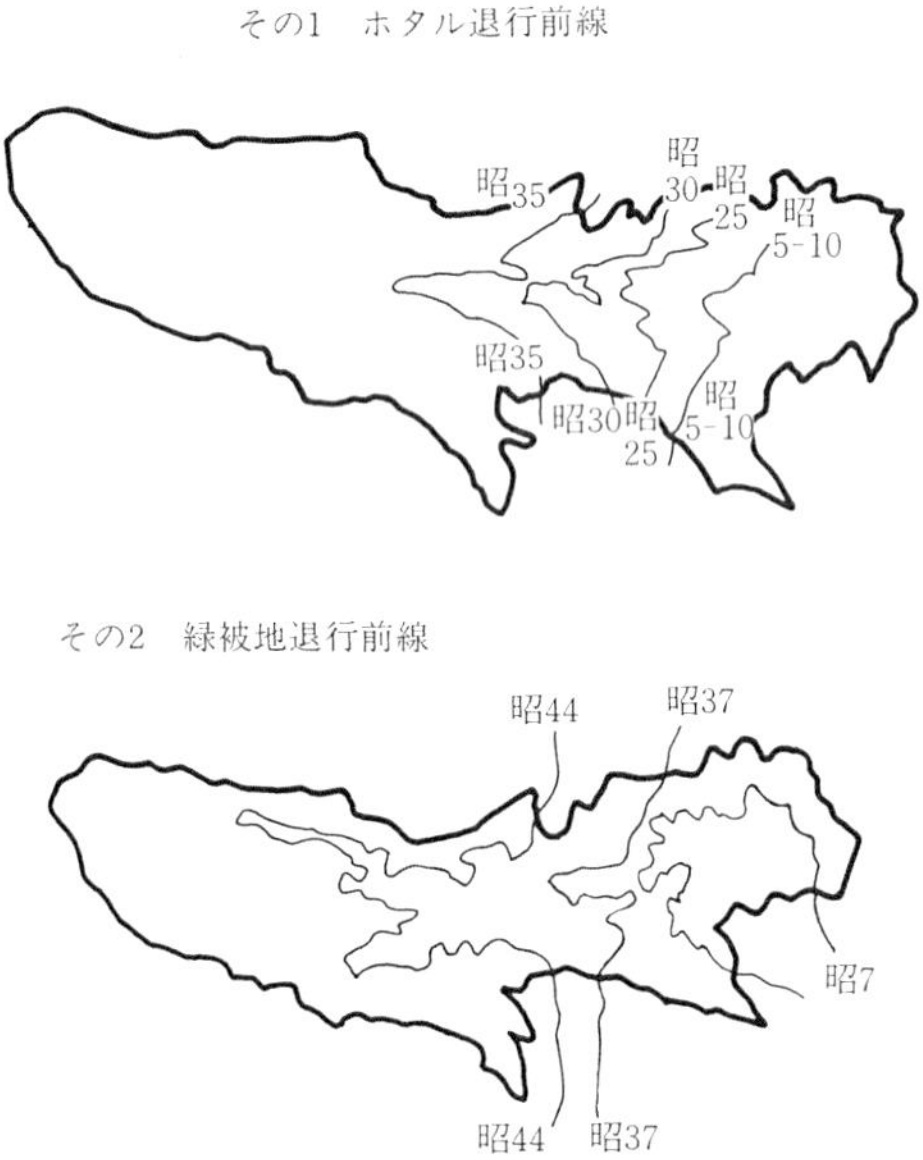

図3・10　東京における自然の喪失
（東京都公害研究所『数字でみる公害1978年版』より）

いという悩みをもつ。

自然の破壊

都市部における経済活動の増大と、それに伴う各種汚染物質の排出量増大は、そのまま都市内外における自然の喪失や破壊を進める。具体的には、森や草木といった緑が喪失する、野鳥が飛ばなくなる、昆虫がいなくなる等である。人間は地上に孤立して生存しているのではない。空気や水はもちろん、豊かな動植物資源に支えられて、初めて生存しうるのであり、健康も保つことができる。自然を失うことは、精神の豊かさをも失うことになる。

しかし戦後の日本の急速な都市化は、そのまま自然の大幅な喪失をもたらした。具体例として、夏の風物詩をいろどるホタルが、東京都の中心部からいかに姿を消したかを示すと、図3・10（その1）のようになる。戦前は、山手線周辺にまでいたホタルが、昭和三〇年頃すでに区部一般からいなくなり、三五年には八王子あたりまで行かないと見られなくなる。緑が覆っている土地も、図3・10（その2）が示すように、一年間に数キロの速さで失われてきた。

環境庁「緑の国勢調査」の関東地方（一都六県）調査によれば、人口密度が一平方キロ四〇〇〇人（日野市クラスの人口集中地区）あたりで緑被地率（全体に対して緑が覆う土地の面積比）は五〇％となり、一万人（江戸川区クラス）となると六・三％に減る。

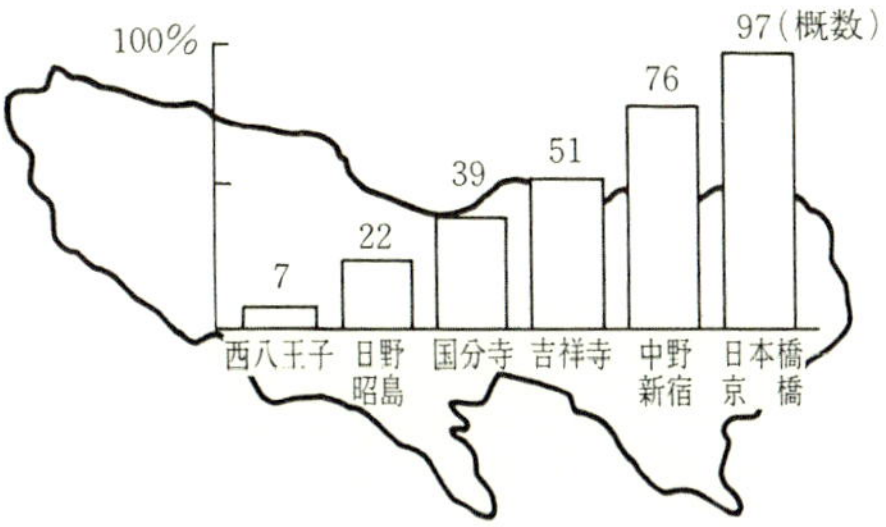

図3·11 東京都内の不透水地率

（資料は前図と同じ）

つまり大都市の中心部ほど建築物や舗装道路が地面をおさえ、子供たちは土遊びが出来なくなる。雨が降っても、その水が浸透しない土地の面積が大きくなる。その率（不透水地率）を東京の中心部から西にたどると、図3・11のようになる。つまり都心部は、ほとんど土壌に地上から水が供給されないから、地下水も涸れ、土壌の有機的作用も悪くなり、自然から二重三重に遠い存在となる。

『方丈記』の著者鴨長明は、住宅は小さく簡素だが、日野山周辺の自然は春夏秋冬それぞれにきわめて豊かで眺めは素晴らしいと誇っているが、高度成長をとげたはずの現代日本の市民は、狭小過密の住宅に住み自然も喪失しているという、八〇〇年以前の水準以下の二重の貧しさにおかれている形だ。真の豊かさとは何か、あらためて問い直す段階にきている。

物質循環の合理化・削減

環境を保つため、ゴミの排出をできるだけ少なくするとともに、その再利用をはかることの必要性を述べた。大気汚染、水質汚濁に関連しても同じである。

大気汚染に関連しては、工場の規制はかなり進んだが、移動発生源――とくに自動車の規制に困難が多い。個々の自動車については、後の第四章の**3**にも述べるごとく、規制に大きな成果をあげてきたが(6)、次は根本的にその走行総量を削減することである。それには、都市の機能の再配置をはかり、あるいは大量輸送手段を整備して、交通量全体の削減をはかること、あるいは、先の本章の**2**でもふれたが、昭和三三年に施行された「道路整備緊急措置法」のような、自動車が多く走るほど、その燃料関連の税収がふえ、それでさらに多く大型道路が建設される方式といったものが、今もまだ緊急に必要かと見直すこと等々があろう。

また水質汚濁に関連しては、水の使用量を節約することが第一である。この点、かつて地下水(たてまえは無料)に依存していた工場が、わずかながら有料の工業用水道へ転換した際、水の使用量が著しく減少した例は大きな教訓となる。水についての節約と再利用の促進は、それだけ下水処理場の負担を減らす。

別の角度から見て、下水処理場の負担を減らし、その施設規模を小さくてすませる方法は、一日、一月、一年を通じ、下水流入量を平準化することである。特に団地に直結した下水処理場を見ると、朝夕の炊事や洗濯時に下水流入量がピークに達し、昼間の主婦の外出時や特に深夜から早朝にかけては、流入量が極端に少なくなる。しかし処理場は、このピーク時を基準として設計・建設されねばならない。ここに大きなムダを見る。団地などで、地下に大きな貯留槽が用意され、ピーク時の下水が相当程度ここに貯蔵され、下水の流量が少しでも平準化されれば、それだけ処理場の負担は軽くなる。

同様のことは、電力に即してもいえる。盛夏のルーム・クーラーの使用ピーク時、冬の夕方から夜にかけての暖房、調理時と、深夜から早朝にかけては、都市の電力使用量には大きな変動があり、電力施設はこの使用ピーク時にあわせて建設されている。

現在、日本の都市のエネルギーの主力は電力に依存し、その主力は火力発電すなわち石油に依存している。不幸にして、電力は下水の貯留槽のように貯蔵することが（揚水発電という例外をのぞき）不可能である。そもそも日本における都市のエネルギー源として、有限で再生不能な石油（あるいは天然ガス）といった資源に依存してよいかという根本問題を検討せねばならない。電力は、利用に当っては多くの優位をもつが、それをつくりだす火力発電所の熱効率は四〇％あたりで頭うちとなっている。石油のもつエネルギーの半分以上が廃熱となって捨てられる(7)。

都市のエネルギー源として大きく化石エネルギーに頼る現在の姿は、有限の再生不能の資源にたより、しかもその使用が環境を汚染するという根本問題をもつ。したがって今後の基本方向として、エネルギー需要を、都市という地方自治体やコミュニティ・グループ等により下から積上げる形のとれる太陽熱、風力、水力、バイオマス等といったソフト・エネルギー・パスに求めることは、大いに研究と実現を求めていかねばならぬところである(8)。

情報化時代のもろさ

一九七七年の夏、七月一三日から一四日にかけて、ニューヨーク市内外の九〇〇万人が、大停電の悲劇に見舞われた。都市活動の死命を制する電力の供給が突然止まってしまったのである。摩天楼のエレベーターが止まり、冷蔵庫が役立たなくなり、病院の機能も止まり、文明社会が高度に発達しているほど、その悲劇は大きかった。

日本では、一九八四年一一月一六日昼から、東京の世田谷区の地下溝で通信ケーブルが一〇時間にわたり燃え続け、九万回線の電話と二つの銀行のオンラインが麻痺してしまった。一週間以上も、広大な地域の経済活動が死んでしまい、現代版飛脚が自転車で、メモを持って駈けまわるという、江戸時代さながらの姿が現出し、電話にたよるソバ屋やスシ店等々が営業できないこととなってしまった。

技術革新が進み、各種のニュー・メディアが普及して情報化時代となればなるほど、都市の構造が精密となり、そのごく一部のコンピューター部分の故障、操作の誤用が、想像もつかぬ広範囲の市民生活を麻痺させることとなる。

従来と次元を異にした形の災害・事故が都市を襲うこととなる(9)。

(1) ケネー、増井・戸田訳『経済表』岩波文庫。

(2) 人口の集中した特定地域の汚染濃度を一定以下に抑え、市民生活を守ろうと、その地域内における汚染物質の排出量を一定限に抑制しようとする「総量規制」の手法が採用され始めている。その立場から各工場の排出許容量を割り当てて規制するわけだが、自動車等の移動発生源にたいする規制は、まだ困難が多い。

(3)　東京都公害研究所編『数字でみる公害　一九八二年版』より。

(4)　柴田徳衛・松田雄孝『公害から環境問題へ』東海大学出版会、一九七九年、の特に「自然の異変」の項参照。

(5)　東京都公害研究所水質部調査。

(6)　柴田徳衛『日本の都市政策』有斐閣、一九八一年、の特に第二部第四章「都市問題と自動車排出ガス」。

(7)　押田勇雄『人間生活とエネルギー』岩波新書、一九八五年。

(8)　長洲一二編著『ソフト・エネルギー・パスを考える』学陽書房、一九八一年。

(9)　A. Lovins & L. Lovins, *Brittle Power*, Brick House, USA, 19-2.

5　海からの発想

海に支えられた都市

日本の都市、とくに大都市は、海外の伝統的な都市と異なり、多くが海に接して発展した。北九州、神戸、大阪、名古屋、横浜、川崎、東京等がとくにそうである。考えると、日本経済とくに戦後のそれは、海外から大量の原油、鉄鉱石、石炭、穀物等を輸入し、勤勉な国民の働きによって、付加価値の高い製品を生産し、それらを海外へ輸出することによって栄えてきた。重量からみて、表3・5の

表 3·5　外航海運輸送量

（百万トン）

	輸　出	輸　入
1935(昭和10)	13.7	32.9
1965(　〃　40)	23.3	199.4
1981(　〃　56)	77.3	567.4

（『日本国勢図会』各年版より）

ごとく、戦前（昭和一〇年）にたいし最近の輸出量は六倍、輸入量はじつに一七倍近くにも達している。こうした海外との物資流通（それに内航海運の国内貨物）の出入口となるのが港であり、都市はその港をもつと同時に、生産活動の中心地をなしてきた。したがってこれらの都市は、海によって支えられ、港をもつことによって大きく栄えてきたわけである。したがって、こうした都市に住むすべての人々が海に親しみ、港の意義を理解してよいはずだ。ところが実際はどうも反対で、この都市に住む人々は最近とかく海のあることを忘れがちである（あるいはそうさせられている）。

渚の消失

戦後において臨海部の都市に起こった大きな変化、それは波の寄せては返す波打際《なみうちぎわ》——渚《なぎさ》がほとんど消えてしまったことである。戦前あるいは昭和三〇年頃までの、都市（とくに大都市）の子供たちが、近所の浜辺の浅瀬で潮干《しおひ》狩《がり》を楽しむといった姿は、その後消えてしまった。

太古、生物は海中に生まれ、やがてそれが波打際から陸上に這い上がり、ついに陸上の動物（そしてわれわれ人間）になったという。こうして波打際は、陸上の生物と母なる海（母と海はともにフランス語で発音は「メール」）との接点をなすわけだ。ところが日本では、昭和三〇年ないし三五年辺りから、次々と都市部の海岸が埋立てられてコンビナートが建設され、港もその一部となった。陸と海

東京湾に密集して碇泊する船

は、コンクリートの岩壁、堤防で「垂直」に切断されてしまった。全国の海岸三万二〇〇〇キロメートルのうち二六・七%が人工海岸となっているし、東京湾のごときは、その海岸延長七七五キロメートルの八五・七%が人工海岸で、さらにその六割ほどが「人為的要因により立入不可能」となっている(1)。

この埋立地に、陸(都市)の便宜を第一に、都市のための建設が進められ、臨海コンビナートの大工場やゴミや下水道の処理場、倉庫等がつくられた。そのため一般市民は、海から遠く離されてしまった。「無用の者立入るべからず」の札が立ち、海側に有刺鉄線が立ちめぐらされた。海に接した都市に住む市民であるはずなのに、そこから電車で一時間半から二時間以上も遠くへ行かないと、海らしい海を実際に見られないし、海水浴も楽しむことができない形になってしまった。

陸(都市)の発展は海があるおかげだということ

が忘れられ、海を犠牲にして都市の要求を強行させる事態が続いてきた。海の立場から都市づくりを考えるという視点が大きく忘れられてしまい、陸上の都市の立場からひたすら海を破壊することのみが進められた。

湾内の災害

都市と災害という問題は普通陸上の都市内で考えられているし、もちろんそれ自身は重要な問題である。本書のはじめでも、日本の都市では市民の生活が軽視され、粗悪な狭小過密住宅地域がひろがっていたため、「大火」が頻発したことを述べた。近くは関東の大震災の被害が著しい例であるし、第二次大戦中の焼夷弾攻撃に、あれだけ被害が出たのも日本の都市の不燃化が遅れたからである。

しかも残念ながら戦後の都市再建も、こうした点では復興でなく復旧した形である。しかも危険性は戦前と比較にならない。ガソリン満載の自動車が今狭い木造住宅の町にあふれているし、そこへタンクローリー車も走る。超高層ビル、大型地下街がひろがり、ガス管が無数に通る。

以上の陸上（都市内部）の危険性に加えて、それが臨む海からのさらに規模の大きい危険性がいま増大していることをつけ加えたい。海を犠牲にして陸の要求ばかりを海へおしつけていると、高価な代価を払うこととなるのである。

例えば横浜・川崎から千葉・木更津に至る京浜・京葉重化学工業地帯は、日本における生産活動の心臓部をなしているが、その活動の多くを、狭い浦賀水道を通って原材料や製品を東京湾内へはこぶ

表3・6　浦賀水道船舶通航状況（昭和55年1月～12月）

（単位：隻）

	巨大船（200m以上）		巨大船でない危険物積載船（1,000t以上）	長大物件（200m以上）えい航船	計
	危険物積載船（A）	（A）を除く巨大船			
日本船	747	1,610	2,965	43	5,365
外国船	1,305	3,789	511	11	5,616
計	2,052	5,399	3,476	54	10,981

（『海上保安庁資料』より）

船舶輸送にたよっている。現在ここを通過する船舶は一日平均九〇〇隻近くであり、しかもそれが朝夕のラッシュ時に集中し、そこでは四〇分間に六〇隻が通過することがあるという。文字通り「舷舷相摩《げんげんあいま》す」形でスレ違っている（表3・6参照）。そのなかには、急停止や急旋回のおよそきかない一〇万トン、二〇万トンのマンモス・タンカーもあるし、横須賀にむかう軍艦そしてコンテナ船やLNG船、自動車専用船といった形の異なる（風圧を受けやすい）特殊船もある。核物質積載船も通る(2)。浦賀水道を見下ろす観音崎には、これらの航行を管理する「東京湾海上交通センター」があるが、まったく瞬時の油断も許されない。

大型石油タンカーが衝突すると、いかに恐ろしい惨事を起こすかは、一九四九年一一月にLPG・石油混載タンカー「第十雄洋丸」の事件が明らかに示す（その翌一二月には水島コンビナートの石油タンク亀裂による瀬戸内海への重油流出大事故が続く）。こうしたタンカーの炎上事故が、いま一歩陸に近く起きれば、そこにならぶ精油所やLNG、LPG基地、ガソリン・タンク等に引火し、どのような被害を起こすかもしれない。

またＬＮＧ船が高速で衝突し、タンクが破損でもすれば、超低温のＬＮＧが流出、たちまち周辺海上に拡散し、それに火がつけば大爆発を起こす。

こうした危険性をもつ大型船の間をまた、無線をもたぬ船、操縦したまま眠る居眠り船、漁船、レジャー船……が無数に、あらゆる方向へ航行する。

日本経済の心臓部をかかえる大阪湾、伊勢湾等々も、まったく右と同じ状況にある。これらの湾は、普通の目で見ると広大に見えるが、吃水《きっすい》の深い大型船からみれば、航行しうる範囲はきわめて限られてくる。そして多くの船が港の外に碇泊せねばならぬが、自動車の駐車と違い、一隻ごとに周囲六〇〇メートルないし一キロメートルといった距離を空けねばならない。二〇〇〇平方キロメートルと広そうに見える東京湾でも、大型船の航路を確保しつつ、自動車の駐車場に当る検疫錨地から一般の碇泊地となると、意外に過密で狭くその場所がないこととなる。

戦前、港は海外にむかって開かれた人と物資の流通の場であった。マドロスの夢があった。戦後は多くコンビナートの一部となり、生産の場となった。そしてまわりの湾内に、飛行場、ゴミ処理場、下水処理場、コンテナヤード……と、都市内部のエゴイズムからひたすら海の大規模埋立て工事が続けられてきた。海はそれだけ狭くなり、市民の手から遠く離れることとなってしまった。

海を市民の手へ

生命を生みだしたのは海であり、また日本経済を世界に結びつけ、その生命を制しているのは海である。しかしいま日本の海運界では、次の世代を担う優秀な人材を多く得にくくなっているという。根本は戦後、陸（都市）の内部からのみ海を見、これを犠牲にして埋立てを続け、都市に住む一般市民とくに子どもたちが海から遠く離され、海への関心が薄まったことにあるのではないか。海を大事にし、都市と海を結びつけ、いま一度市民たちを海に親しませることである。生命の母なる海を大事にする観点から都市を考えることである。

（1）『環境白書』昭和五六年版。

（2）一九八四年一一月一五日に、最も危険とされるプルトニウム二八八キログラムを積んだ晴新丸（一万六九一〇トン）が東京港に入った。つまり国際的注目を浴びながらフランスを出港した同船が、一般の知らぬ間に、多くの船とともに浦賀水道を通り抜け、東京湾を航行してきたわけである。

6　都市財政

先進国都市の財政

よい都市とは、そこに住む市民が自分たちの力で自分たちのためにつくりあげて、初めてでき上がるものであり、そのため、その市のそうした資金を支える財政面でも、それだけの自主性と余裕がなければならない。資金ぐりが貧しく、かつ市民自身の意志以外のところで財政が運営されるなら、よい都市はつくれない。

表3·7　先進国大都市の人口推移

その1　米国の推移指数　　(1960年＝100)

		1970	1975	1980
全米人口		113	120	126
ヒューストン市人口＝A		134	141	170
大都市圏人口＝B		141	157	204
サンディエゴ	A	122	135	153
	B	114	128	157
ニューヨーク	A	101	96	91
	B	105	101	95
フィラデルフィア	A	97	91	84
	B	111	110	108
デトロイト	A	91	80	72
	B	118	117	115
ボルチモア	A	96	91	83
	B	115	119	120

(*The World Almanac* 各年版より)

その2　英国の人口増減率　　(%)

	1961-71	1971-76
バーミンガム	− 8.6%	− 3.6%
リーズ	− 2.9	＋ 0.8
リバプール	−18.2	−11.4
ニューカッスル	−17.6	− 4.1

(国際財政学会1981年度報告より)

こうした点で、第二次大戦後から一九六〇年代を通じる頃は、先進国の諸都市は一般に自身の税収（財源）を全歳入中十分な比重を持ち、余裕をもって市勢を発展させた。中心部には高層建築がたちならび、周辺郊外では豊富で低利な住宅金融の資金を背景に、宅地の造成、マイ・ホームの建設が進んだ。こうして市税収入の主力をなす不動産税（英・米型）あるいは市所得税（北欧型）の収入はふえ、それにより学校・公園・上下水道等の公共施設も整備された。これら生活環境が整備されれば、既存の不動産価値も高騰し、それだけまた中・高所得者も流入し、市の経済水準はさらに高まる。市税収入がふえれば金融機関の信用もそれだけ増し、市は低い利率で起債がしやすくなる。事業がしやすくなる。

だがニューヨーク市財政の破綻が示すように、一九七〇年代中期、オイルショックあたりを契機に、多くの先進国都市で事態は大きく変わってきた。多国籍企業の活動の重点が先進国を去り発展途上国に移ったり、後発諸国の経済的追上げも加わって、市の雇用量が減ったり（産業革命の元祖たる英国

表3・8　事業別人口1人当り経費と基礎的事業における1人当り歳出額
（米国の都市，1973年）

	成長市	停滞市	衰退市	ニューヨーク市
事業別人口1人当り経費				
警察	27.7ドル	48.5ドル	68.7ドル	67.9ドル
住宅・再開発	8.8	8.8	20.3	71.4
消防	17.8	23.4	29.7	31.5
下水道	14.4	14.2	13.3	29.1
1人当り歳出額	152ドル	195ドル	264ドル	396ドル
人口1,000人当り市職員数	8.7人	10.5人	13.0人	13.0人
職員平均給与	812ドル	912ドル	958ドル	1,115ドル

（ニューヨーク市財務局資料より）

のマンチェスターをとると、一九七一年ですでに一二三万と、一〇年前より一二万減）、新しい技術革新の波にのれない非熟練労働者（戦後後進農村や多くの発展途上国から流入した）を中心として失業が増大したりする現象が表面化してきた。こうした状況から、先進国の伝統ある名門都市のうちで、経済力が相対的に低下し、人口が、中心市のみならず、周辺近郊をふくめた大都市圏そのものも相対的に減る現象がひろがってきた。表3・7（その1）が示すごとく、米国では国全体の人口が一九六〇年から八〇年の間に二六％も増大しているのに、ニューヨークなど、中心市部（A）はもちろん、近郊をふくむ大都市圏人口（B）も相対的な立後れを示している。さらに同表（その2）「英国」についても、同じである。こうした経済力・人口の縮小現象の過程で市内に失業者、半失業者がふえる。それだけ貧困が増大すると、建物の荒廃や犯罪の増加も進み、市財政にとって単に医療や生活保護関連費が増すのみでなく、教育・警察・消防費をはじめ、あらゆる面の財政需要が増大する。筆者が訪れたニューヨーク市財政局の計算によれば、米国の主要市の財政を一九七三年において調査すると、表3・8のような傾向を示す。衰退市も必要職員数はむしろ増大し、同じ調査では人口一〇〇〇当り市職員数が、成長市では八・七人にたいし、衰退市では一三・〇人（ニューヨーク市は一三・〇人）となる。また経済規模・人口の減少は、市の上下水道や市営交通機関の利用率（したがって料金収入）を減らすが、その経費面では固定費部分が大きいため、削減することができない。赤字がそれだけ増大する。

他方経済活動の弱体化、人口の減少は、不動産価値を減少させ（極端なばあいは市内の人口・経済施設が外へひたすら流出するため、売手だけあって買手がつかない——つまり評価額ゼロとなる）、不動産税の収入も減る。税収の減少を防ぐには税率を上げるほかない。例えばニューヨーク市では、一九五〇年代まで評価額の三％台であったものが、七七年には八・七九五％に上昇した。このように税率を上げると、不動産経営者も低所得者居住地域では家賃に転嫁しきれなくなり、経営できなくなり、不動産の放棄となる。それだけスラムを中心に荒廃が進み、不動産評価額が全体として減る。こうして悪循環が進む。さらに市の財政力が弱まれば、金融機関からの借入能力も減り、金利は高率となる。無理をすれば、ニューヨーク市やクリーブランド市のごとく、金融機関の市債引受け停止、つまり財政破綻となる。市にとって必要不可欠な財政需要がふえ、他方市税収入（したがって起債能力）が減ってくれば、その穴埋めを国（あるいは州）の補助金にたよるか、市の事務事業を縮小させるか、その事業を国（あるいは州）へ移管するほかなくなる。市の自主性はそれだけなくなる。米国では現在のレーガン大統領の政策における、いわゆる「ニュー・フェデラリズム」で、こうした地方団体への財政援助はできるだけ削減する方向にある。けっきょく市の事務・事業費（とくに広義の福祉関係費）あるいは道路・橋梁・校舎等の資本的施設の維持保全費を当面削減することとなる。

日本の都市財政の特色と動向

先進諸国の都市財政と比較し、日本の場合、ユニークな点の第一は、都市財政の制度が全国的にきわめて強く画一化され、中央支配のもとに置かれていることだ。先進諸国の都市は、それぞれ都市自治の歴史を強くもち、財政・税制も先に述べた一九七〇年代中期項までは高い自主性をもってきた。ところが日本の場合、地方税法により都市の税制が一本化されていたり（各市で自由にきめられる法定外普通税の制度はあるにせよ、実際はごく例外的に少額）、補助金・交付税等で都市財政全体が国の規制下に入り、地方債の発行も「当分の間」（実際はかなり「永久の間」）国の許可が必要の形となっている。このため、米国の都市でみるような起債過多による金融機関の引受け拒否――財政破綻――となるような「自由」は、幸か不幸か日本ではないわけだ。

第二に都市における貧困の現われ方が、先進諸国ではきわめて直接的で、市財政との関連も分りやすい。高率の失業、スラムのひろがり、犯罪・炎害の頻発……そのための財政支出とそれをまかなうための市税増徴（税率引上げ……）となる。ところが日本の都市では、経済発展の過程で、この貧しさが住宅難、通勤難、大気の汚れといったむしろ市民生活全体にわたる形で多く現われ、その内部に生活している市民には、全体としての暮らしにくさという形でひろがってきた。

表3·9 地方交付税における基準財政需要額の推移　（単位：%）

区分	昭和29年	35年	39年
警察費	10.1	8.3	7.5
消防費	3.3	3.9	3.3
土木費	6.3	13.7	19.8
教育費	39.1	31.1	31.1
厚生労働費	10.3	10.7	10.7
産業経済費	6.7	7.1	7.2
計(その他を含む)	100.0	100.0	100.0

（拙稿「都市財政の破綻と困難」『「地方の時代」の地方自治』第4巻，学陽書房，より）

表3·10 人口1人当たりの産業基盤・生活基盤投資額の比較　（単位：円）

	産業基盤投資額(A)	生活基盤投資額(B)	A/B
昭和30年	1,029.3	248.5	4.1
昭和35年	3,721.5	808.9	4.6

（柏井象雄編『都市と財政』大明堂，より）

ここでまず日本の都市財政の歳入・歳出面における特色を見たい。まず歳入面では狭義の自主財源ともいうべき市税収入の比重が、普通会計の歳入会計のうち、昭和五五年度でみても、大都市三八・六%、中小都市三七・四%と三分の一強しかしめていない。これと国からくる資金とを合わせて事業を進める。したがってそれだけ中央の意志が市の仕事に強く出てくる。市をふくめた地方公共団体に国がどのような仕事を期待しているか、そしてその重点がどのように変化しているかは、地方交付税における基準財政需要額（つまり国が各地方団体にどんな仕事を最低限するかを期待する額）の内容変化がそれを示しているといってよかろう。日本経済の本格的高度成長の始まる前後の昭和二九年と三九年を比較すると、表3・9のようになる。すなわち、全体の比重において土木費が三倍以上に増大している。これは経済成長すなわち工場生産規模の拡大に即し、都市の関連公共施設すなわち産業基盤を強化しようとしたものである。その頃の人口一人当たりの産業基盤・生活基盤投資額は、それぞれ表3・10に示すごとくで、分類の定義に従えば、前者が後者の五倍近く多かった。

つまり、都市当局は、工場関連公共施設の建設に主力を置き、大きくその成果をあげた。周辺地価も大きく騰貴した。さてしかし、そうした経済活動の発展をめざして、地方農村部から集中してきた新来の市民たちにたいしては、義務教育施設の整備といったことへの財政支出で精いっぱいであり、生活基盤整備費といっても、実際にその事業を進めるとなると、多くの部分が急騰した土地の購入に吸収されてしまった。主要大都市における普通建設事業費に占める用地取得費の比重は表3・11のごとくである。特に中心市街地の道路の建設や拡幅となると、補償費をふくめてこの比重がきわめて大きくなる。

表3・11　普通建設事業費に占める用地取得費の割合　（昭和56年度）

札幌市	21.6%	大阪市	26.5%
川崎市	26.8	神戸市	31.6
横浜市	22.8	広島市	29.8
名古屋市	16.3	北九州市	28.1
京都市	34.5	福岡市	28.3

（指定都市事務局資料より）

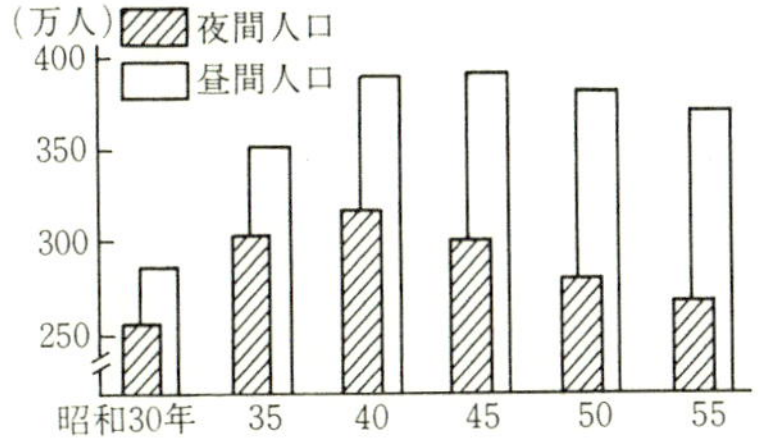

図3・12　大阪市の夜間・昼間人口の推移
（大阪市財政局資料より）

従来日本経済の高度成長期にあっては、ひたすら都市人口は若者を中心にふえ、施設をいかに経済や人口規模の増大に追いつかせるかが財政面でも関心の中心であった。しかし、安定成長期に入るとともに、新しい事態が市財政にも反映されるようになった。

例えば東の東京都にたいする西の大阪市をみるに、市民の周辺衛星都市への転出、つま

表3・12　大阪市税の全国額に占める割合と伸び

	全国に占める割合		伸び(55年度/30年度)	
	昭30年度	55年度	大阪市	全　国
個人市民税	3.61%	2.47%	34.5倍	50.2倍
法人市民税	9.09	7.45	64.8	79.0
固定資産税	6.35	4.43	17.0	24.3
市税総計	5.77	4.31	27.1	36.3

(大阪市財政局資料より)
注:市税総計のうち市民税と固定資産税の占める割合は昭和55年度で78.4%である.

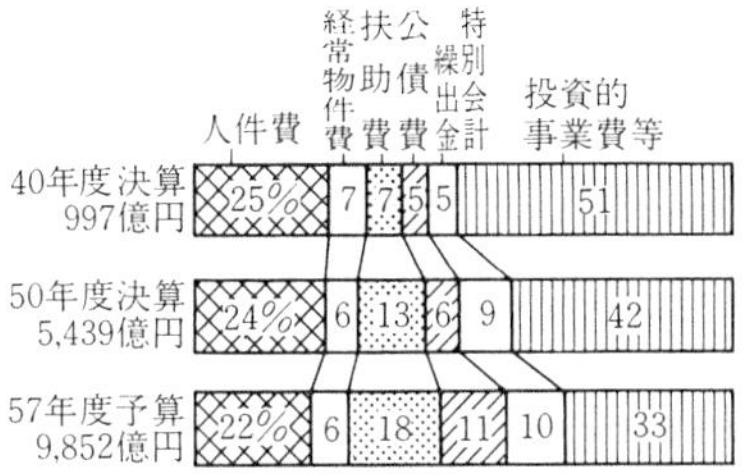

図3・13　一般会計歳出の構成比(大阪市)

り同市夜間人口の減少が、図3・12のように進んできた。また大会社本社機能の市外転出も進んできた。市民の高齢化(年金生活者の増大)と市内住宅・建物の老朽化(もちろん新設もあるが)も進む。こうして大阪市税の全国額に占める比重は表3・12のようにその相対的地位を低下させた。市税収入が減り、歳入規模が小さくなれば、新しい施設の建設にむける経費(投資的事業費)は少なくなる。地下鉄・下水道といった特別会計への繰出金、扶助費(福祉関係費)、公債費といった費用の比重が図3・13のように大きくなる。

以上、大阪市を例にあげたが、これまで成長してきた多くの地方都市の財政にも、これと共通の現象が徐々にではあるが表面化してくるであろう。

対策——自主財政の拡大と不公平の是正

このように立ち遅れた都市の生活基盤を根本的に整備すること、これがこれまで述べてきた「日本の都市に予想される新しい問題」を解決する根本であり、そのために都市の財源を豊かにし、それをその方向に使うことが根本である。自主財源を豊かにし、それを市民の意志で、よい都市づくりに使えるようにすることである。

国には地方公共団体＝放蕩息子論的なものがあり、地方に財源を与えて自由に使わせると、つまらぬことに浪費してしまうという考え方が古くからあるようだ。たしかに欧米先進国の知識を国が後進国として仕入れ、その実現を地方に早く促し、ひたすら経済成長をはかろうというそうした考え方が従来なら出たかもしれない。しかし今の時代は大きく次の段階に移っている。財政面でも、市が自分たちの責任で、自分たちの都市づくりを進めるべき段階である。

具体的には、まずその中心財源たる地方税の比重を、できるだけ大きくすることである。現行税制を前提とすれば、まず国の所得税・法人税から、比重を地方の住民税・事業税等へ移すことをはかりたい。それに伴い、事務もできるだけ国から地方に移し、国のヒモつき支配の道具となっている補助金を廃止する方向をとる。また固定資産税の地方税（あるいは租税全体）における比重が相対的に減じているが、その利用形態に着目して課税する方向を考えたい。土地・建物につき、営業用すなわちその利用によって利潤をつくりだしているものと、居住用すなわち一般市民の生活のためのものとを区別し、前者の方の負担を大きくすることが考えられる。

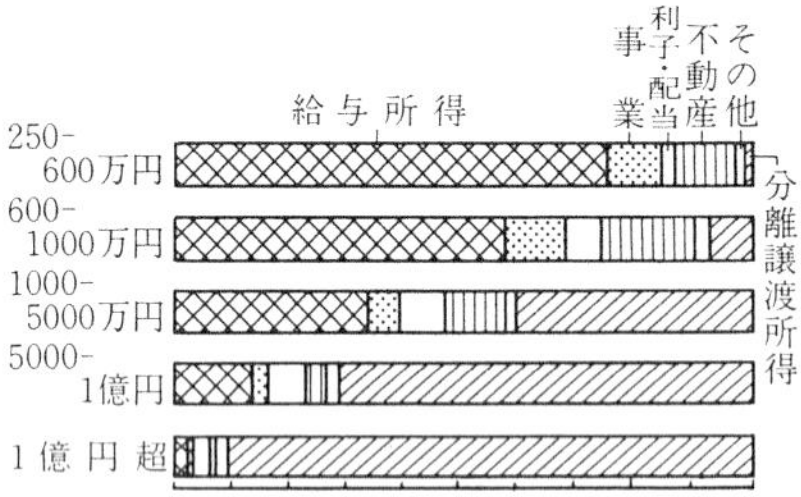

図3・14　東京都民の所得構成比（昭和47年）
（「東京都新財源構想研究会第2次報告」昭和48年12月，より）

住民税・事業税の比重をふやすとのべたが、それにはそれらをめぐる不公平の是正がまず求められねばならない。両税の基礎として所得税・法人税があるが、これをめぐり大きな不公平がある。よくトーゴーサンといわれるが、勤労者が給与を一〇割把握され所得税を源泉で徴収されてしまうのにたいし、自営業関係者そして農家などはその所得の五割や三割しか把握されず、課税がきわめて不公平だというのである。

また分離課税等の制度のため、把握された所得においても、所得税・個人住民税の負担において高額所得者が優遇されやすい。東京都新財源構想研究会の実態調査例では、図3・14のような所得階層別構成比を示している。同図のように低所得層ほど、その所得の大部分は給与所得が占め、これは一〇〇%税務当局に把握されるとともに、必要経費はわずかしか認められず、それを控除した課税所得にたいしてはきわめて高率の累進税率で課税される。それにたいし、高額所得者ほどその比重を大きくする株式や不動産売買におけるその譲渡所得にたいしては、分離課税となったりしてきわめて税負担は軽くなっている。結果として具体的には、東京都民の所得（税務当局が把握した）にたいする個人住民税、所得税およびその合計の階層別負担は、図3・15のようになる。すなわち両税合計の負担率をみても、所得が一〇〇〇万ないし二〇〇〇万円の階層までは累進的に負担が増大し、負担率は三六・三%にまで達するが、それ以上の所得階層となると一般の通念と反対に、負担率は漸減し、一億円以上となると二三・一%になる。以上は昭和四七年度についての実地調査であり、その後不動産譲渡所得にたいする分離課税の扱いが一部縮小されたりしたが、右の傾向は、最近においても助長されこそすれ、緩和されることはない(1)。

法人税関係でも、その所得計算において、昭和四七年調査当時、租税特別措置法適用所得としての価格変動準備金、海外市場開拓準備金、海外投資損失準備金、特別償却、特別償却準備等々が、また法人税法適用所得としての貸倒引当金、退職給与引当金等々が手厚く保護され、とかく実状より過大に益金から控除されがちである。東京都新財源構想研究会が都内の資本金一〇〇億円以上の二一五社(同じく昭和四七年)についてその法人所得をみたところ、全体の益金から先の租税特別措置法適用分でその九・六%、法人税法適用分で一二・九%、同じく法人事業税で八・一%が軽減され、実際の申告所得は六九・五%となっていた。その後、準備金・引当金の内容に多少の出入りはあるが、傾向は現在も同じである。

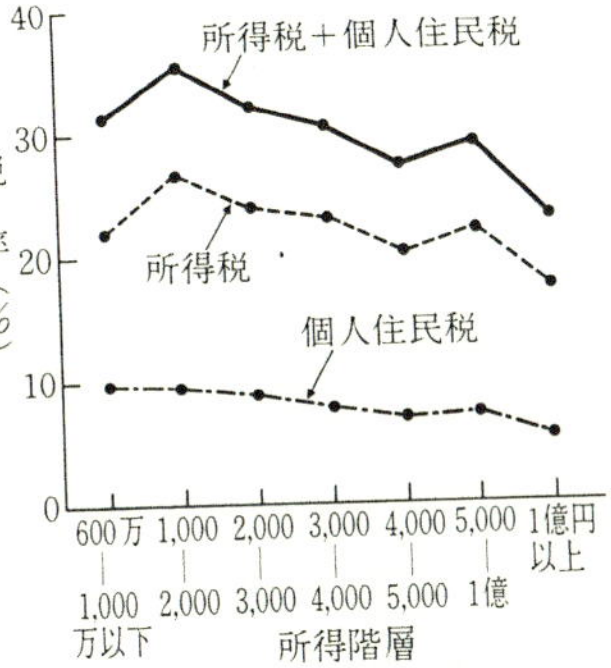

図3・15　東京都民の所得階層別税負担率（昭和47年所得）
（資料は図3・14と同じ）

右のような所得税・法人税の負担を少しく是正しただけでも、都市財政においてそれを基礎とする個人・法人住民税や事業税の収入は大きくふえる。事実それら地方税の大

表 3・13　非課税措置等による市町村税の減収見込額

（昭和57年度）

	国税の租税特別措置による地方税の減収見込額	地方税の非課税措置等による減収見込額	合　　計
市町村民税	2,176億円	492億円	2,668億円
固定資産税	——	1,781 〃	1,781 〃
電　気　税	——	1,367 〃	1,367 〃
計	2,176 〃	3,640 〃	5,816 〃

（指定都市事務局資料より）

口法人に超過課税を行った東京都は、それにより昭和四九年度の一一三億円から五〇年度四六一億円、五一年度九四〇億円から五三年度一〇五五億円の増収を得ている。こうした措置は、全国の自治体にも波及し、都市の、特に中心部における各種公共事業（道路・鉄道・上下水道……）によって大きく利益を得たものに、十分公平な財政負担を課することである。

　国税にたいし地方税の比重を増大させると、地域間の財政格差がさらに増すとして、これに反対の声がある。当面はそうなるかもしれない。しかし長期的にみれば、従来国税の比重が大きいから中央集権的となり、財政力の地域格差が拡大したのである。今後は中央の比重を小さくさせれば、地方は個性をもってそれぞれ発展し、財政力の格差も解消の方向に向かうであろう。日本の財政制度に大きく影響した昭和二四年のシャウプ税制勧告において、地方税の拡充、補助金の廃止が主張され、財政力の地域格差をなくすための平衡交付金も、右のような形で日本財政が進めば必要額が小さくなると考えられていた。この点をいま一度ここで思いおこしたい(2)。

　先にのべたように国税における各種租税特別措置が市町村（特に都市部）の市町村民税に減収をもたらすし、また地方税にある各種非課税措置（例えば電気税における重要産業にたいする措置）もあわせて、表3・13に示したような減収をもたらす。去る昭和五〇年に、福岡県大牟田市は、電気税の非課税規定違憲の訴えを起しているが、こうした非課税・減免規定が少しでも整理されれば、それだけ都市財政の収入面は強化される。

また現在の都市の多くの事業は、国の補助金を得て行なわれているが、実際の必要事業費にたいし、国の補助金（実際は補助対象・補助単価）があまりに少なく、都市財政における補助金超過負担が大きくなっている。昭和四八年に大阪府摂津市が行なったその超過負担解消の行政訴訟は、保育所建設に実際に必要とした経費九二七三万円にたいし、実際に来た国の補助金は二五〇万円にすぎなかったとし、その不合理を訴えたものであった。こうした特に都市の諸事業における超過負担が少しでも解消されれば、都市財政の当面する事態も大きく変ってこよう。

さらに将来は、地方税法も縮小廃止され、各自治体が、相当範囲内で自由にその地域の税制をつくる時代とさせたい。地方債の発行も、地方自治法第二五〇条に残されているような国の許可制を廃し、そこに住む住民の意志と、金融市場のあり方にまかせる方向を出すべきである。

要は、都市がそれぞれ自治体として、その個性をそれぞれ伸ばして発展できるような財政のしくみ、そのための負担が公平となるようなしくみをつくりだすことである。

（1）このあたりのことについては、昭和四八年一月から五四年一月にかけて七次にわたって出された、東京都新財源構想研究会報告、およびそれらをまとめた山本正雄編『都市財政改革の構想』新地書房、一九七九年一二月、に詳しい。

(2) 拙著『日本の都市政策』有斐閣選書、一九八一年、の第Ⅲ部第5章、第6章、参照。

第四章　新しい都市政策をもとめて

1　都市の視角

「よい都市」と考えられたもの

終戦後の昭和二〇年代、戦災の焼野原から木造バラックの建物がならび始めた頃、全国の大部分の都市は惨たんたる有様であった。多くの市民は、どんな狭い家であろうがそこへ入って雨露さえしのげれば有難いし、今日なんとか食料が手に入って生きのびられれば嬉しいといった有様だった。食と職にさえありつけるなら、重い荷物を背に満員電車に何時間ゆられようが……という始末であった。

その頃、新鮮なニュースとして聞かされ、また映画などでみる欧米先進諸国の都市の憧れの形は何であったか。遠景からみて、都心には摩天楼が林立し、周辺のスパゲッティのようにもつれてひろがる高速道路に格好のよい自動車が列をなして勢いよく走りまわる……であった。これが当時日本で一般の人々が期待した「よい都市」「立派な都市」の像であったといえよう。

そして昭和三〇年、三五年あたりから、日本の各地で、この「よい都市」づくりをめざし、猛烈な建設ブームが始まった。オリンピックのため、万国博のため、国体開催のため……の標語で大きな施設がつくられ、高層ビル、超高層ビルがならび、高速道路に自動車がひしめくようになった。

こうして戦後約四〇年、日本の長い歴史を通しても、これほど都市の姿が短時間に大きく変わったことはなかったし、いまやかつて海外の都市で夢見たより、さらに立派な建物・施設がつくられるようになった。

つまり、働くエネルギーを地方農村から大量に流入し続けた若年労働力に依存し、技術を多く海外先進国から導入し、生産活動を盛んにする意味で、遠くから眺めて大変「よい都市」「立派な都市」ができたのである。そうした点で、機能配置もきわめて効率的な都市がつくられた。ただし、身近な生活環境の方は餓死しない程度で足踏みしていたが、しかしともあれこうして勢いよく生産が拡大されると、企業のポストもふえ、若さにまかせて働きさえすれば、明日は給与の額もふえ、昇進も期待することができた。成功を期待して互いに競争し、市民は会社人間となり大いに働いた。わが家は狭すぎるため、収入があれば、緊張の発散とビジネス兼交際の場を求めて日没とともに盛り場へくりだし、ネオンの光は、断然海外の都市と比較を絶して輝くようになった。

トマス・モアの『ユートピア』は、第一章の3でものべたように、普通、現実にない空想の社会を書いたものとされるが、実際に読んでみると、第二章「都市、特にアモーロート市」をはじめ、一七世紀初頭におけるロンドン等英国の都市生活をじつに鋭く冷静に観察したきわめて現実的なもので、今日の日本の都市にもあてはまるところが多い。例えば「あらゆる種類の動物が餓鬼のように貪欲になるのは、実に欠乏に対する心配であり、特に人間においては虚栄心である。人間はなくもがなの、玩具のような物を見せびらかして他人をしのげば、それがすばらしい光栄であるかのように思うものなのである。そういう悪徳を知らない国民、それがすなわちユートピア人なのだ」(1)。

日本経済の急速にのびた生産の成果は、多くは生産のための生産——都市における設備投資や公共事業=「立派な都市」づくり——に使われたが、一部はこうしてユートピア人ならぬ都市的人間の欲望と虚栄心を満たすための消費にもむけられた。表面上は華やかで立派な都市がますます成長しているし、幸い海外からは、市民がよく働き、犯罪も少ないとの評価を得ている。

「悪い都市」への可能性

さてこうして「立派な都市」がつくられ、賑やかな盛り場も発展したが、そのなかで今、次元を異にした新しい事態がひろがっている。遠景からみて立派な都市も、そこで働く人々——市民生活への施設・配慮が二の次、三の次できたが、そこに新しい問題がひろがり、「よい都市」であったほど、問題が大きくなり、それが結果として「悪い都市」となる可能性をはらんできている。まず過疎農村そして今都市部における出生率の減少傾向が指摘されるが、これはやがて次の世代の多くの都市における昼間・夜間人口双方の減少がひろまることを予知させる。高齢化傾向とあいまち、都市経済の規模も多くの面で足ぶみ状態が出てこよう。これまでは「よい都市」ほど、常に拡大を前提としてつくられてきたが、「足ぶみ」「縮小」となると、そうした都市ほど従来経験しなかった困難な事態があらゆる面で出てこよう。これに対処するには、全く別の視点から、新しい次元での「よい都市」像を考え直さねばならない。

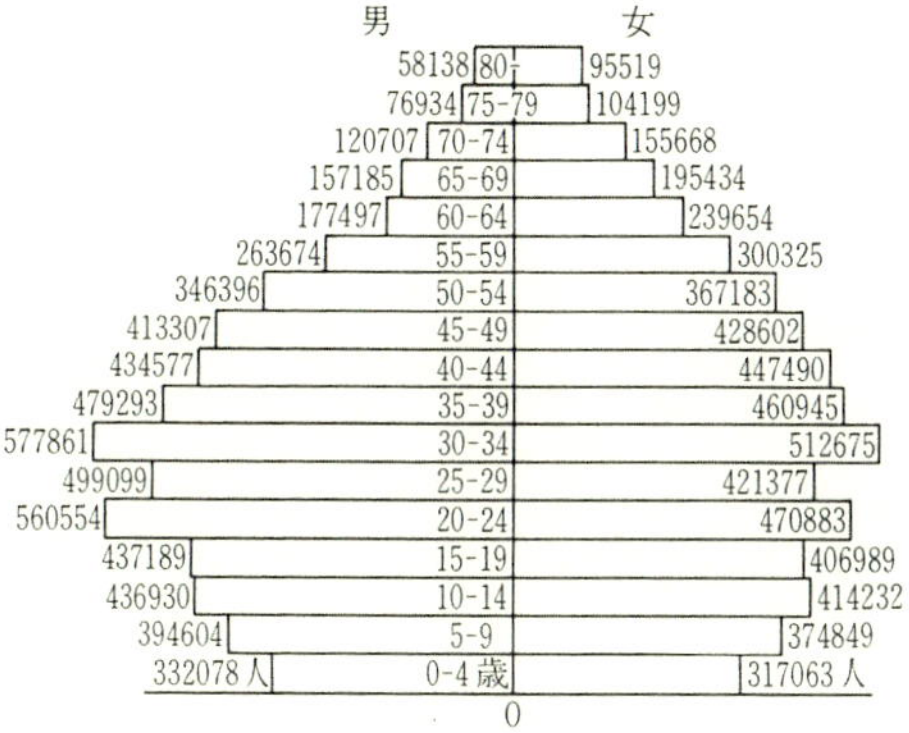

図4・1　東京都年齢別人口構成
（昭和58年1月1日）
（東京都住民基本台帳より）

さて次の問題例を考えよう。「団塊の世代」という言葉があるが、都市人口の年齢別構成で、中年以下のところで人口ピラミッドが逆三角形となる場合が多く出てくる。企業の働き手にも同じ形が出てくる。こうした年齢層では、昇進の可能性が極めて限られてきて、同期の仲間が一人昇進すると、他の多くはもう定年まで昇進の道がふさがれるといった事態がひろまる。人間は、可能性・期待感があれば、職場で賃金が低く重労働でも頑張りぬく。昭和三〇年代末、まさに成長期のさなかに歌われたように、「くじけちゃならない人生が……お店の仕事は辛いけど胸にゃでっかい夢がある」（「ああ上野駅」）なのである。しかし、成功への競争に敗れ、また過度の緊張、そして失望・絶望感にうちひしがれると、アルコール中毒、麻薬から精神病、犯罪、家庭の崩壊といった病理現象がひろがる。幸いこれまでの日本では、成長し続けた「よい都市」ほど、こうした配慮はわずかですませてこられたが、これからは反対に、そうした都市こそ、こうした各種の悪い事態が大きくひろまりかねない。

　次に、例えば都市に高齢者の比重がふえると、若い働き手中心でつくられてきた「よい都市」ほど、そこに大きな問題が提起されてくる。残念ながら日本は多分に肩書社会である。会社・役所での地位が、その人の存在を大きく左右する。それを失った退職後の人々に生き甲斐を与える配慮が、生産を第一とする日本の都市では、今まで少ない、いや、ないままできた。仕事を通し、役所や会社への忠誠第一で生きてきた人々が町に一人ほうり出され、収入は減り、家庭ではとかく粗大ゴミと扱われる（離婚が日本ではむしろ高年でふえようか）。淋しさ・孤独感は、深い山奥に一人いる時より、大都市の群集の中にいる時、いっそう強く感じる。先の『ユートピア』はすでに指摘して、「……若い元気な時にはさんざん労働者たちを酷使しておきながら、彼らが年をとって老衰と病気に悩まされ全く無一物になってしまうと、もう彼らの昔のあれほどの仕事ぶりも忘れ果て、あれほどの貢献にも知らん顔をして、あげくの果ては冷酷にも、悲惨なのたれ死をもって御恩返しをしようという国家、――こういう国家こそまさに不正な、不人情な国家というべきではないだろうか」(2)。

さらに現在の大都市の都市施設は、すべてその主流をなす元気な若者を中心に設計されている。四階、五階建ての公営住宅、鉄道・地下鉄の駅、道路にかかる横断橋等々は、すべてその階段など若者にとっては問題ない。また事実従来は特に大都市において高齢者の比重は小さく、若者中心の設計ですんできた。しかし今後高齢者の比重がふえ、車椅子利用者数もふえてくると、その人たちにとって現在の都市設計は絶望的に困難となってくる。例えば、東京周辺の国鉄・私鉄の駅の階段は平均五〇段から六〇段あり、地下鉄となると最高一〇〇段に近くなる。その多くにエスカレーターはついていない。東京都内に一〇〇〇余ある自動車道路をわたる横断橋は、それぞれ三〇段前後を上下してわた

若者の街・新宿

ることとなる。高齢者となり階段の上下が不自由になると、そうした所をこえられず、自分の家からごく近所にしか出られないこととなる。さらにわが家もエレベーターのない中層住宅の三階、四階にあれば、外出それ自体が困難になる。また先の第二章で一件当たり個人取得宅地平均面積が零細化し、一〇〇平方メートル以下が多くなったとのべた。そうした狭小な土地に無理をして二階建て住宅を建て、部屋面積を広くとろうとすると、階段は狭く傾斜が急となり、手摺りもつけにくくなる。

第三章の**2**でも指摘したように若者中心に生産能率のよい都市ほど、そこに高齢者がふえると、反対に困難の多い都市となる。高齢者に困難が増すと、扶養し介護する婦人にそれだけ負担が増大する。また現在の大都市の通勤混雑も、若者が元気にいっせいに乗降できるという前提で電車の運行も計画され、短時間内の大量輸送を可能にしている。そこに高齢者の比重がふえてくると、その運行能率は大きく落ちてこよう。

高齢者にとって不自由な都市は、子供あるいは子供を連れた母親にとっても不自由な都市となる。子供が元気にグループをなして遊びまわり、たくましく育つ都市環境でないことに通じる。

真に「よい都市」を求めて

今までのような生産第一という視点から能率的によくできている「立派な都市」であるほど、かえってそれではどうにもならぬ次元の問題・困難が、これからの日本ではやがて大きく出てくるだろうと述べた。ここで、次の段階における日本が、新しく世界にむけて発展し、奉仕できるような都市像を求めねばならない。

その像を一言で尽くせば、市民の値うちを大事にし、その健康で幸福な生活環境をつくりだせるような都市、となる。明日の日本を担い、世界に文化的に新しく貢献しうるような独創性のある元気な子供・若者をその中に育てられる都市、母親たちがそうした子供を安心して大勢生み育てられるような都市、仕事に貢献してよく働いた高齢者が余生を幸せに暮らせる都市……といってもよい。

こうした都市であれば、自ずから都市計画の細かい点まで、身体障害者の人々への配慮もできていよう。また一般市民は、改善された生活環境のもとで健康と幸福を求めて生活し、人をおしのけて物的成功を求めるようなことはせず、各人の個性に応じ独創性を発揮しながら、全体の生産活動に従事する形となる。そうしたことのできる都市像が求められるのである。要は都市を手段でなく、生活の目的とし、芸術・歴史・文化の中心とするのである。

このような都市をつくりだしてこそ、初めて日本が次の段階で世界に歓迎されつつ真に発展するメドをつかめるのである。幸いにして、予想される新しい次元での諸困難があらわれるまでには、まだ時間がある。今から真によい都市づくりの方向を準備し、その政策に手をつけ始めれば、輝かしい成果が得られるに違いない。

（1）トマス・モア、平井正穂訳『ユートピア』岩波文庫、九二頁。
（2）同、一七八頁。

2　都市政策の方向

恵まれた諸条件

日本の都市問題は、絶望的に困難だという。なるほど住宅難・土地問題・通勤難……どれ一つを取っても、大問題が山積しているように見える。しかし考えてみれば、都市をよくする条件・可能性をそれぞれの要因に即してみると、世界で日本ほど恵まれた国はないといいたい。

「日本は貧しいから……諦めるよりほかしかたがない」と長らくいわれてきた。しかしいまや国民総生産・国民所得……そして鉄鋼・自動車・電気製品などに端的にみられる生産活動は、世界超一流となって素晴らしい発展をした。

技術についても、まさか「日本は後進国で粗末な木造アパートをつくる技術しかない」とはいえまい。超高層ビル、高速道路、港湾、上下水道にゴミ処理……都市施設に関連した建設・建築技術は、やはり世界のトップクラスだ。世界に断然比類のない公害の被害を出したためか、ともあれ日本の公害対策技術や法体系も大きく進んでおり、筆者が東京都公害研究所長時代、世界のあらゆる都市から問合わせの訪問客が絶えなかった。

芸術的センス——都市美を飾るための美的感覚——も、日本人は伝統的に世界に誇るものをもってきた。能、歌舞伎、浮世絵、茶の湯、陶芸……日本独得のものであるほど、世界の人々を感動させている。

都市づくりをするための条件を数えてみれば、経済力、技術、芸術的センス……と、三拍子も四拍子も揃っている。これら恵まれた条件を、真によい都市づくりのために今のうちから動員し、そのための政策をうちだしていけば、大変な成果をあげられるはずだ。また逆に先のすぐれた諸条件がいっそう国際的に磨かれていくだろう。

戦後の焼跡からわずか四〇年で、これだけ生産性の高い「立派な都市」をつくれたのだ。これまで蓄えた諸条件を動員し、新しい政策にのりだせば、暮らしやすい「真によい都市」をこれから二〇年・三〇年の間につくれぬはずがない。

その新しい都市政策の観点・方向をみよう。

イギリス・コヴェントリーの歩行者天国

市民生活からの発想

これまで都市をめぐる行政は、あまりに多く上からタテ割りになされてきた。規格の全国的統一を必要とする大量生産・建設事業にはその方式で効率よく、大きな成果が上がったわけであるが、地域の市民生活からみるとバラバラ行政になる。一匹の犬を例としても、野犬・狂犬病の監視は衛生、橋で倒れ死体となれば、そこで片付けるのが清掃、その死体が川に落ち流れて海に沈めば、河川・港湾の浚渫……と行政の担当部門が異なってくる。超高層ビルは一棟建つと人口一〇万都市に当たるほどの電力・上下水道を消費し、電話を使い、ゴミを排出するが、それぞれ担当部局は異なるし、またその建築許可は、そのごく一部の視点からなされる。先にのべたように婦人生活の今後にとっては、保育所、住宅、職場等々の配置をうまくとりあわせ、その間の交通が便利になることが大事だが、それぞれの行政所管は異

表4・1　日本の輸出額の推移

1960年	40.6億ドル
1965	84.5
1970	193.2
1975	557.5
1980	1,298.1
1981	1,520.3
1982	1,388.3

（『日本国勢図会』1983年版より）

なり、現状では市当局はそれらを調整する権能がきわめて弱い。

しかし真によい都市づくりをするためには、すべて地域に住む市民の立場に立ち、その視点から政策を進めることが第一であり、それぞれの施設・建物もできるだけ市民の立場から発想し、市民の力ないし参加によって建設が進められるようにしたい。市民主義といってもよく、地域主義といってもよい。いま中央に集められている予算（財源）、人事、行政の各種権能を、できるだけ市民生活に身近なところにわたす――都市当局の行政・財政の力を大きくし、同時にそれらの市民にたいする責任もそれだけ明らかなものにするのである。そうして市民の創意と責任で自分たちの都市づくりを進められるようにし、そこへ日本経済が今持っている資金・資財を投入するのである。これは単に耳ざわりのよいスローガンとしてでなく、次の段階における日本の発展のカギとなるのである。

都市づくりからの経済発展

いま日本経済の発展につれ、貿易摩擦の問題が深刻化している。生産活動のためにきわめて能率よくつくられた都市で製造された大量の製品が、その需要を海外に求め、輸出に拍車がかけられている。たしかに日本の輸出額は、表4・1に示すように、ドル価格でみて、五年ごとに倍、倍、いやそれ以上にふえてきた。また主な商品についてみると、図4・2のように、国内で生産された実に大きな部

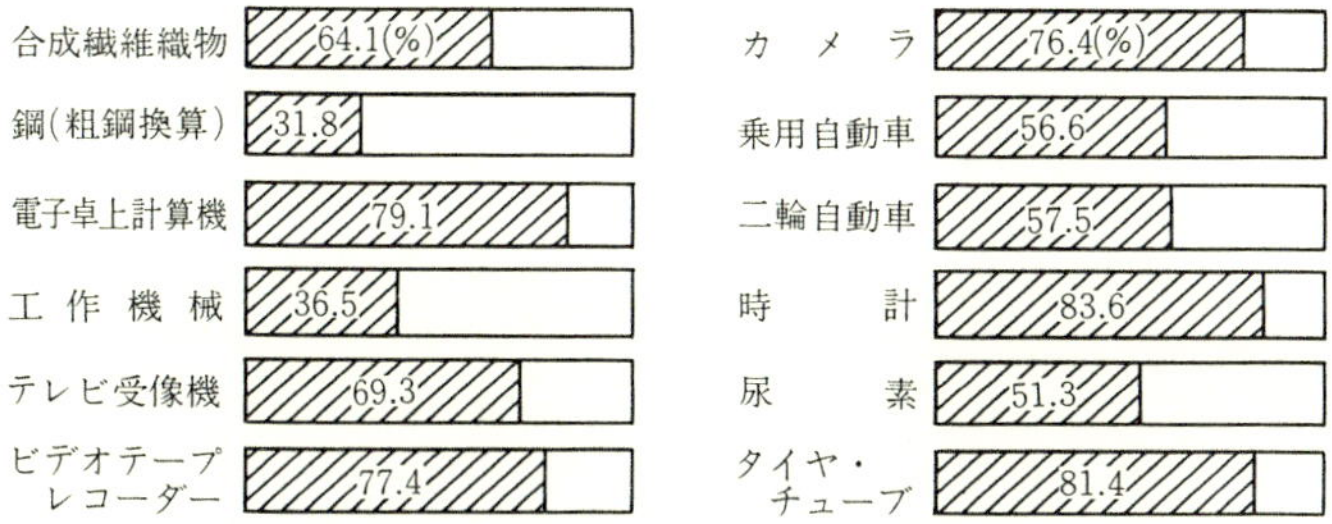

図4・2　主要商品の生産に対する輸出の割合（1981年）
（生産数量に対する輸出数量の割合）
（『日本国勢図会』1983年版より）

分が輸出に向けられている。

こうした事態にたいし、特に欧米先進諸国から「日本人は、兎小屋に住み、満員電車に長時間ゆられながら残業を深夜まで続け――文化的市民生活を犠牲にして――われわれが苦心して開発した技術のよい所をつまみ取り、安く大量に生産し、われわれの工場を潰そうと洪水のごとくおしよせてくる」という批判が高い。この問題は、「日本の真意をよく説明し」「相手側の理解を深め」で簡単に解決するとは思われない。従来の日本的都市のあり方を続け、従来の形で頑張るなら今後この問題はさらに深刻化しよう。

これにたいする根本的解決の方向は、財政・金融の重点をまず都市づくりを通じ、国内需要を大きく喚起することである。現在の後れた住宅事情を、都市の再開発を通じ、わずか改善するだけでも、不動産、建設関連に大きな需要が発生する。さらに、よい家具、ピアノ、全集本セット……が買いたいが、家が狭くて置き場がないというこれまでの嘆きはそれだけ減り、関連需要は二重三重に増す。図書館が充実すれば、地域に文化的に貢献するのみならず、出版界もそれだけ需要が確保できる。

こうして、日本国内の都市がそれぞれオリジナリティをもって施設面で充実され、文化芸術面のレベルが高まり、それらをリードする独創的な人材が多く育成されれば、それだけ技術・文化的水準が高まり、海外諸国もその市民生活を向上させると歓迎してくれる製品がつくりだされよう。

都市づくりを通じての海外奉仕

国内で真によい都市づくりを進める過程そのものが、日本が海外に歓迎されつつ進出できる道に通じる。都市の公害対策施設として開発してきたし、今後その改善がいっそう求められる上下水道、ゴミ処理等の施設や技術、規制の方法等は、特に発展途上国に貢献するところが大きいだろう。また例えばすでにテープ・レコーダーの輸出は大きな比重を占めているが、日本的芸術の水準が高まり、カセットに優れた日本の音楽がこめられ一緒に輸出されれば、その価値は二重に増す。医療や薬品ですぐれた技術や製品が開発されれば、さらに世界は歓迎してくれる。

こうした点で、発展途上国の都市は、いま多くがそのなかに大規模な貧困をかかえつつ人口が急膨張し、その経済的貧しさを克服する糸口を見出しかねている(1)。日本の都市が戦後急速な発展ができたのも、それらの地域から豊富な資源の供給を受けたおかげである。日本の都市のそうした発展の過程で経験した失敗と成功の経験を伝え、それらの都市の発展に奉仕することはきわめて重要である。

外交は従来、国と国との間でなされてきたが、今後は都市と都市、市民と市民の間で、その市民生活の改善をめぐり交流しあうことが、平和と相互の発展にとって不可欠となっている。国連を通ずる外交といっても、そこに登場する外交官はそれぞれ自国の利益を代表し、その利害関係を第一に行動せざるをえない。その点、都市間の交流となると、住宅、交通、ゴミ、公園……どれをとってもお互いに切実な共通問題が話題となる。いわゆる台所の問題ですぐ心を開き語りあうこととなる。こうした市民外交は、特にまだ海外から理解されることが少なく、しかも貿易摩擦等で海外の反感を買いやすい日本として、これから大いに推進せねばならぬところである。

（1）　発展途上国における大都市の急膨張の勢いはすさまじい。今世紀末までにメキシコ市は人口三〇〇〇万、カルカッタ市は一五〇〇万規模になるだろうといわれる。序章でもふれたように、国連の予測によれば、世界の人口は一九八〇年の四四億から二〇〇〇年には六三億に増大し、その四分の三以上の四九億が第三世界に属する。さらにその第三世界の人口の半分近い二一億が都市人口となるとしている。まさに第三世界の都市問題が今世紀末から二一世紀にかけ、世界のきわめて重大な問題となるし、それだけに、多くの経験や技術をもつ日本の都市へのそれらの都市が持つ期待は大きい。柴田徳衛・加納弘勝編『第三世界の人口移動と都市化』アジア経済研究所、一九八三年、参照。

3　行財政と住民

市職員と法律の活用

市民のための市民による都市行政の必要を述べたが、換言すれば新しい時代のあり方として、むしろ「地方が上、中央が下」となり、その地方の職員は、地域住民に市政を知ってもらい、その人々のために働くことを第一とすべきものである。

よく市役所の窓口で、「国から法律できめられているから、それはダメです……これはできません」といわれることがある。しかし数ある法律中には、大いに市民のため活用でき、それに奉仕できる項目がいろいろある。憲法第八章「地方自治」や、地方自治法の第二篇第二章をはじめ住民の諸権利を述べた項目はもちろんその基礎をなすが、その他一例をあげると、地方財政法第二条二項「国は、地方財政の自主的な且つ健全な運営を助長することに努め、いやしくもその自律性をそこない、又は地方公共団体に負担を転嫁するような施策を行ってはならない」は、大変素晴らしいところだ。

また地方自治法第九章財務第二四三条の三にせっかくある「普通地方公共団体の長は……毎年二回以上歳入歳出予算の執行状況並びに財産、地方債及び一時借入金の現在高その他財政に関する事項を住民に公表しなければならない」も、できるだけ活用したい有意義な項目である。さらに実際の問題として、やや中規模以上の市役所の市政資料コーナーとか、市立図書館内の市政コーナーには、市の統計書、各種刊行物が市勢概要、市観光案内等とともに設けられ一般の利用を待つことが多い。

さらにまた地方自治法の議会を規定した第六章議会の第一〇〇条では、

⑭ 議会は、議員の調査研究に資するため、図書室を附置し……送付を受けた官報、公報及び刊行物を保管して置かなければならない。

⑮ 前項の図書室は、一般にこれを利用させることができる。

とあるのを活用し、住民もこの議会図書室を利用すれば、議会の議事録をはじめ多くの資料を閲覧す

ることができる。市政の活動の結果を一番よく知りうるのは決算であるが、同じ地方自治法第九章財務の第二三三条において、

④　普通地方公共団体の長は……当該決算に係る会計年度における主要な施策の成果を説明する書類その他政令で定める書類をあわせて提出しなければならない。

とある。もちろん市町村により内容の差はあるが、例えば本規定により作成された東京都日野市の「主要な施策の成果・基金の運用状況、昭和五八年度」においては、市の事業ごとに写真や地図入りで成果が一四三頁にわたり説明され、市の事業全体を理解するのに便利である。

そして前頁にあげた第二四三条の三における財政状況の公表の規定と同じように、この決算においても、同じ形で第二三三条の第五項に設けられた――

普通地方公共団体の長は、決算をその認定に関する議会の議決とあわせて……その要領を住民に公表しなければならない。

も大いに活用したいところである。ただ一般の市民は、こうした条項やそれによる資料がよく分からない。このばあい、やはりまず市政担当者はどこまでも市民生活を第一とし、それに奉仕するために法律・条例を活用することが重要であり、また事実そうすると意外に運営に妙味が出てくるのである。同時にそうした立場からみて法律の条文中に実状に即しないもの、再検討を要するものが出てくれば、それは世論に訴えるべきであろう。そうした一例を財政に関連してみよう。

都市財政の運用

都市財政全体のあり方については、先の第三章の**6**「都市財政」で論じた。具体的には、都市の自治を資金面で裏づけるため、現状では府県と都市にわたるが、法人事業税、法人住民税が大きな意義をもっている。しかしその税額算出には、国の法人税さらにその基礎とする「法人所得」の額に専ら依存する。ところでその税法上の「法人所得」が算出されるばあい、準備金等が「租税特別措置法」により大幅に益金から控除される。同法で減価償却の特例も設けられていることは先にのべた通りである。さてこの「租税特別措置法」とはそもそも何なのか。同法第一条の趣旨をみると、

「この法律は、当分の間、所得税、法人税……を軽減し、若しくは免除し、又はこれらの税に係る……課税標準若しくは税額の計算若しくは徴収につき、所得税法、法人税法……の特例を設ける……」とある。法人税、所得税以下、立派な税体系をつくったが、「当分の間」それを軽減し、免除する例外を設けるというのが本法の趣旨のようだ。ではいつ本法が出来たのか。昭和三二年四月一日施行とある。日本経済が全力疾走を開始して離陸し、高度を上げようとするまさにその時につくられたのである。法人税……と各種の税体系をつくったが、少なくも離陸し上昇する非常体制の間、それらを軽減し若しくは免除する特例をしばらく設けようというのが趣旨だったのではないか。その後、たしかに同法が大いに効果を発揮し、日本号は先進国以上の高々度に達したようだ。してみると「当分の間」はとっくに過ぎたのではなかろうか。もちろん同法には、勤労者財産形成貯蓄の利子所得等の非課税とか障害者を雇用する場合の機械等の割増償却といった現在でも大事な強化したい項目もあるが、

ここらで同法全体を洗い直し、本来の姿にもどす段階であろう。

第三章末にもふれたように、地方自治法第二五〇条に「普通地方公共団体は、地方債を起（す）……ときは、当分の間、……自治大臣又は都道府県知事の許可を受けなければならない」とある。これも、先と同じく、昭和二〇年代、三〇年代の、資金をあげて設備投資にまわし、経済成長をひたすらはかるべき「当分の間」は、都市の生活環境改善のための地方債などに資金をまわすことは、きびしい国の許可が必要と考えられたのだろう。そうした効果が大変あがった現段階――とっくに「当分の間」は経ってしまい、むしろ金融界では融資先を求めているような現段階――では、これを廃止し、都市当局、市民の自主的規制に起債をゆだねるべきだろう。

「道路整備緊急措置法」は、前にものべたごとく、たしかに同法が施行された昭和三三年頃は、道路はひどく、日本経済の健全な発展には、こうした緊急措置を必要とした。しかしこのおかげで道路は大きく整備され、沿線の地面は急騰し、自動車も氾濫して大量に石油を消費し、いま大気汚染や騒音・振動がひどくなり、都市の場所によっては「市民生活の悪化に寄与」し始めている。少なくも緊急事態は終わったとして、その財源を都市の生活環境改善にむけるなり、同法再検討の段階に入っているのではないか。

市の行政当局者は、とかく各所管部局の専門家となり、法律・条例の細かい条文を勉強しすぎ、その第一条あるいは前文にある目的・趣旨を市民の目、素人の目で見直す機会をかえって失いがちである。あるいは第三章の**6**で紹介したような地方税の減免規定や非課税の範囲等細かい活字でたくさん書いてある項目（例えば地方税法第七二条の四、五とか第四八九条）は常々再検討の要があろう。こうした点で、市民の代表である地方議会の役割、そこで活躍する地方議員の役割が大きくなる。

住民と地方議員

市行政担当者にとって、そこにおける議員の力は絶大である。その承認さえ得られれば何でもできるし、それが得られなければ何もできない形だ。優秀な議員が本会議や委員会で鋭い質問をするとなると、行政の側も事前にたくさん勉強しなければならないし、日頃の業務の力の入れ方も違ってくる。こうした大きな意義をもつ議員だけに、一般市民はそれだけ議員が都市行政全体のため活躍できる体制をつくる必要がある。とかく地方議員は都市の規模が大きくなるほど、一方で「そこを何とか」と地元個人の利己的要求の無理を通すために使われ、他方で名前も知ってもらえぬ無関心の対象となりがちである。

都市行政を具体的に論ずる最高の場たる地方議会では、せっかくその「会議は、これを公開する」「議長は……会議録を調製し、会議の次第及び出席議員の氏名を記載させなければならない」（地方自治法第一一五条、第一二三条）等々とあるから、市民はできるだけそれらに直接接するべきである。議会の会議場に入れる傍聴者の数に限度があるなら、有線放送その他のマス・メディアがこれだけ発達した現在、その実況を広場か各家庭へ伝える工夫はいくらもあろう。また個人は余裕がなくとも、住民団体が代りに会議録を調べ、客観的に重要案件にたいする各議員の発言内容や出欠、賛否を市民に伝えることも意義が深い。それだけ議員を励ますことになるし、選挙に際しては有力な参考資料となろう。

先の地方自治法第一〇〇条第一四項第一五項で紹介したように、地方議会付属の図書館（図書室）は、一般個人も利用すると大変値うちが高い。

市当局・市民・専門家の協力——自動車排出ガス規制運動の経験

昭和四七年、四八年頃、夏になると光化学スモッグが大都市に頻発し（上記各年の被害届出者数、例えば横浜市八三四人、一五四五人、大阪市一一九人、一六五七人）、特に子供の健康を心配する母親たちはイライラしていた。そしてその主要原因物質たる窒素酸化物を排出する自動車の走行を規制せよとの陳情がくりかえされた。それに対し、四七年に米国のマスキー法に準じた規制が日本でも採用され（環境庁告示）、五一年になれば窒素酸化物の排出規制も大幅に実現されるから、それまでしばらく辛抱をと当時大都市当局も市民に説明していた。ところが四九年に入ってから、自動車メーカー筋から、窒素酸化物の規制は困難との発言がくりかえし出てきた。特にイライラするお母さんたちから、子供の健康を犠牲にした日本経済の発展などありうるか、自動車の走行を規制せよの強い要求が重ねられた。

こうした住民運動を背景に、東京から神戸に至る七大都市の首長が四九年七月一八日に神戸市に会合し、専門家による調査団を設置することがきめられた。住民、市当局、専門家の三者一体で、自動車問題を通じてよい環境をとりもどす運動が始まったのである。七人の専門家からなる調査団は、その年一〇月、排ガス規制目標達成の可能性は極めて高いとの報告を出した。以下正式名称である七大都市自動車排出ガス規制問題調査団」(代表・柴田徳衛東京都公害研究所長)を、以下「調査団」と略しながら、四九年秋当時の新聞記事を日時等多少補いながら少し紹介しよう。

「排ガス五一年規制は可能……『調査団』は九月二一日午後、調査報告書をまとめ、東京都庁で開かれた七大都市首長懇談会に提出した。報告書は、自動車メーカーからの事情聴取の結果などから『五一年度規制の水準まで技術開発ができるはず』との判断を示しており、『技術開発が不可能』を理由に、完全実施に反対しているメーカー側の主張を真っ向から否定している。さらに車の交通量を減らすため、自動車税などの三倍以上の大幅引上げや、光化学スモッグ発生時に、車の走行制限などを実施するよう提言している」(1)。

「排ガス規制、環境庁局長が問題発言……衆院公害・環境特別委員会は九月二三日、マスキー法五一年規制問題を中心に論議が行われたが、答弁に立った環境庁の春日斉・大気保全局長は『調査団』の調査報告書について「科学的なものではない」「単なる推定、単なる可能性あるいは独断で(五一年規制が可能と)きめつけるのは問題がある」など繰り返し批判するとともに『メーカーは最大限の努力をしていると信じたい』とのべた」(2)。そしてこの記事にたいするコメントを「視点」という欄でのべるのに「国は報告書尊重を……こうしたメーカーの非協力にもかかわらず、報告は全体として示唆に富んでおり、国としても真剣に取り上げて検討すべき内容となっている。この問題の実際の担当者である環境庁は、むしろ報告に盛り込まれた意見を尊重すべきで、この点からも春日局長の発言は軽率のそしりをまぬかれない」(3)。

「排ガス五一年規制を迫る。調査団が中公審へ。『人が死んでいる』。ともに譲らず三時間半。……環境庁の春日大気保全局長から『その内容は羊頭狗肉のそしりなきにしもあらず』と決めつけられた『調査団』の面々が、一一月六日午後一時半から環境庁で諮問機関である中央公害対策審議会の自動車公害専門委員会の委員たちと討論会を開き、『市民の立場』から日本版マスキー法五一年度規制を貫けと迫り、三時間半の激論が続いた。会議は非公開。合同記者会見で両グループは論戦を再現した」。

『都会人──都市で生き残る心理学』と題して，ヘルメット・防毒マスクをつけ，鍵つきのトランク，ロープ，水筒をもち，防具をつけた都会人のイラストを表紙にした本もあらわれた．

「公開せよと婦人団体。この日五一年度規制の完全実施を要望する主婦連、東京地婦連ら婦人会議の代表二〇人は、専門委員会が開かれた環境庁の委員会室前に午後一時すぎから陣取り、会場に入る各委員に要望書を手渡すとともに、八田委員長に会議の公開を迫った

表4・2　自動車排ガス規制運動

昭和46年1月	米国でマスキー法成立
47年10月	環境庁告示
	(50年度に CO, HC を 1/10 に 51年度に NO_x を 1/10 に)
	この頃，光化学スモッグ頻発
49年初め	メーカー，大幅緩和を要求
7月	政府 NO_x 規制延期の動き
	住民団体の運動ひろがる
	七大都市調査団結成
9月	メーカー聴聞会ひらく
10月	調査団報告書公表
	衆院公害特別委で環境庁局長が，報告書は「羊頭狗肉」と発言
12月	中央公害対策審議会の答申
	答申に対する批判つよまる
	住民，婦人団体などの陳情活動活発に

表4・3　自動車排ガス規制の推移（乗用車）

（単位：g/km）

	48年度	50年度	51年度	53年度
CO	18.4	2.1	────	───→
HC	2.94	0.25	────	───→
NO_x	2.18	1.2	0.6, 0.85	0.25 →

が、八田委員長は『公開はできないが被害者の立場は十分考慮し答申する』と答え……」(4)。

こうした市民と市民の立場に立つ専門家、それらの世話をしデータを提供する市当局といった三者一体の運動は、全国に大きな影響を与えた。これにたいし、まず九月二日には通産省が、自動車産業の置かれている国際環境を考慮しない排ガス規制の強化は、日本経済にマイナスを多く与えるとし、業界からも、そうした排ガス規制を無理に行えば、自動車価格は上昇し、燃料消費は増大し、自動車の生産額は七八二七億円減り、雇用量も九万四〇〇〇人も減る……といった式の反論が出た(5)。

昭和四六年一月に米国でマスキー法が成立し、日本も翌年一〇月に日本もその目標規制を同様に採用し、五〇年度までに一酸化炭素COと炭化水素HCの走行排出量を当時の一〇分の一に、同じく窒素酸化物NOxの規制を五一年度までに実現すべきとした。それ以後、四九年末までの動向を示せば表4・2のごとくである。

業界・政府関係部局の反対で、実際の規制は、五一年度はややゆるい暫定値が示され、目標の実現は二年遅らされ、五三年度となった。この間の自動車排出ガス規制の実際の数値を、乗用車走行一キロメートル当り各排出量（グラム）でみると、表4・3のごとくである。

規制値はこのように二年遅れたが、実際はあれほど実現困難といっていたのに、すでに五〇年、五一年中から、排ガス規制のすぐれた成果を示す乗用車が、次々と販売され始めた。そしてその結果はどうか。業界首脳自身がいうごとく、「内部、外部を問わず、インパクト（刺激）を受けない業界は滅びる。自動車業界は排ガス規制という、当初は対応のめどさえつかない難題にとりくんだ結果、世界に誇る排ガス技術の開発に成功した。そればかりでなく、生産管理、品質管理に従来以上の気をつかうことで、品質のいい車をつくることができた。これがいま海外で日本車の評判のいい理由の一つだ」(6)。すなわち結果は、まったく先の通産省あるいは業界の反論と逆に、この規制実行を通じ、燃料消費は節約され、自動車業界は空前の好調を迎えた。

この問題は、市民運動のあり方を通じて、まさに世界的視野から、真に日本経済の発展をはかる道は何かを教えている。すでにこの点を昭和四五年に出された『公害と東京都』において、当時の戒能通孝公害研究所長は指摘している。すなわち「いまから一〇年後の一九八〇年前後に米国で窒素酸化物をほとんど出さない自動車が生産されたら、日本の自動車産業の運命は明白である。倒産。それを避けるには、公害をきびしく規制する自動車の開発に社運をかけるほかない。国も公害を黙認する時代は過ぎた。それを厳格に除去することが今後の産業の発展になる」(7)と訴える。

さらに興味深いのは、その頃のこの問題にたいする米国の対応である。昭和五五年の五月三日、NHK憲法記念日特集テレビ番組「ロビイスト——アメリカ議会制民主主義の断面」が、まったく同じこの規制問題を米国国会をめぐる動きとしてとりあげ、そこで規制強化を求める環境擁護派のロジャーズ議員(フロリダ州選出)が、遂に自動車業界の目先の利益を守るディンゲル議員(デトロイト市を主な選挙基盤)に敗れてしまう経緯を詳しく伝える。これにより規制は延期され、米国自動車業界は日本にたいし技術開発に遅れをとってしまった。

同じ規制問題をめぐる日米の動きの差を通じ、日本経済の今後の世界にたいする発展も、その製品が都市の環境改善に奉仕することで初めて真に可能となることを教えている。

ところで、先の三者一体の運動を進めるためにも、市民の立場に立つ都市研究の専門家が少しでも多くならなければならない。

(1)『朝日新聞』昭和四九年一〇月二二日。
(2)『サンケイ新聞』昭和四九年一〇月二四日。
(3) 同右。
(4)『毎日新聞』昭和四九年一一月七日。
(5)「興銀調査」昭和五〇年一二月。
(6)『朝日新聞』昭和五一年九月四日、「財界語録」。

（7） 東京都公害研究所編『公害と東京都』昭和四五年六月、六四二—六四三頁。

4 都市研究の推進と人材の養成

都市研究を深め、またその研究者の層を厚くすること——これが今後真によい都市づくりを進めるためにまず何といっても大事である。せっかく明治の森鷗外、片山潜、田口卯吉、安部磯雄（『応用市政論』明治四一年、『都市独占事業論』明治四四年、等を著した）といった大先輩や、大正に入ってからの池田宏（『都市経営論』大正一一年、等を著した）、後藤新平、昭和に入っての関一、奥井復太郎（『現代大都市論』昭和一五年、を著した）といったすぐれた先輩がいるのに（第二章4以下参照）、そのせっかくの成果が、その後よくうけつがれ発展させられていないようである。大学の制度をみても、伝統を誇る農学部はあるが、都市の比重がこれだけ圧倒的に大きくなったのに、都市学部やそれに当る組織はまだ多く見当たらない。問題は、市民の生活にとっては住宅難であり、通勤難であり、大気汚染であっても、それについての研究の専門家や講座が現状では違った学部・学科に分散させられてしまうことだ。筆者自身も、東京都庁の企画調整局長当時、都民の直面する問題を解決するための委員会、検討会の組織づくりに関係したことがある。しかし、一一〇〇万都民にとって明白かつ深刻な一つの問題でも、大学にはそれにとりくむ専門家がなかなか見つからず苦労をした。また関係する諸分野の専門家が集められても、その相互の用語や方法が異なっていて問題解決へむかってのチームワークを得るのに困難を感じた（以上、都留重人著作集第六巻『都市問題と公害』講談社、参照）。

欧米にある都市研究組織は大きな参考となる。例えばハーバード大学とマサチューセッツ工科大学の共同都市研究所、カリフォルニア大学不動産研究所、ロンドン大学都市研究所、ニューヨーク市にある行政研究所等々は皆異なった部門の研究者が集まりつつ、共同して注目すべき成果をあげてきた。日本でも、後藤新平、チャールズ・ビーアドの肝いりで設立された東京市政調査会(1)（月刊『都市問題』を刊行）や、大阪市の都市問題研究会（月刊『都市問題研究』を刊行）、横浜市都市科学研究室（『調査季報』を刊行）をはじめ、神戸都市問題研究所（『都市政策論集』『都市研究報告』等を刊行）等々あり、また東京都立大学都市研究センターもあるが、日本全体として研究体制は、問題の大きさに比し、まだまだ遅れている。

今後予想される日本独自のまったく新しい都市問題にとりくむためには、専門を異にした研究者が学際的に協力を進める――これがなくては都市研究の効果的推進ははかれない。しかし、学部や学科を異にした教授たちが、ただ一室に集まっても、学際的研究は進められない。市民が直面する困難や生きた問題を、研究者自身の問題とする――この点で共通しながら、各人の専門研究を理論的に深め、交流しあうのである。

こうした学際的研究のもと、真によい都市づくりを目ざし都市研究を推進する基本的テーマとして、当面どのようなものが考えられるか。これまで論じてきた問題と方向を再整理しながら例示してみよう。

もちろん古くから個々にとり上げられた研究成果もあるところだが、相互に関連させ全体として総合的に見たいものとして、

都市と農村の関係　従来の日本の都市は農村に大きく支えられて目ざましい発展をとげてきた。しかし今日本の食糧自給率は大きく落ち（穀物だけをとると一九七八年で三四％）、過疎村はふえ、貿易自由化の圧力下にある。例えば日本的農業経営の基礎に農地法があり、「農地はその耕作者みずからが所有することが最も適当であると認めて……」（第一条「この法律の目的」）とあるが、昭和二七年の施行であり、現段階で「最も適当である」のか否か等をはじめ、日本農業のユニークな姿はここでまた世界の大きな流れのなかで再検討を要しよう。いずれにせよ、新しい段階で、今度は都市がいかに農村の発展に奉仕するか、研究の推進が待たれる。

大都市と地方都市　戦後日本経済の発展の大きな牽引力をなしてきたのは大都市であったが、今後世界の先端をリードする新しい技術革新の時代となると、伝統ある地方都市の個性をもった発展が期待される。一般に県庁所在都市といった地方基幹都市が、その県や地方における比重を大きく増してきている。その今後のあるべき方向を、それぞれの地域の実状に応じながら研究することを地元の大学や研究者に期待したい。

不動産研究　都市における土地・住宅が市民生活にとり、その基幹をなすことを第一章で強調したつもりである。従来農学関係研究者により農地の所有関係や価格についての研究はいろいろ進められ

てきた。しかし都市の宅地については、戦前の方がむしろ研究が進められたが、戦後は大いに遅れている。日本経済における資金(財政における公共事業や税制、金融における設備投資や住宅金融……)の流れと不動産とのかかわり、所有の形、再開発の手法、土地利用のあり方等について、新しい日本経済の条件のもと、いかにそれらを市民生活を豊かにする方に向けるか、その学際的研究が求められる。

水の研究　水は土地と同じく、自然の一部として都市の営みを支える貴重な資源だ。水源地からくる原水が取水され、浄水場を通って都市の水道で市民に使われ、さらにそれが下水処理場から河川・海へ放流される。この過程をめぐる水利権、経営とコスト(主に上下水道は市の地方公営企業として運営されるが、その多くがいま赤字額の増大に悩んでいる)、水質汚濁の対策……とこれまた市民の日常生活に即しつつあらゆる学際的研究が待たれる。

通信・交通　いま情報革命の掛け声のもと、ニュー・メディアとして、無線による文字放送、衛星放送による多チャンネル・テレビジョン、有線(CATV)による地域番組、双方向放送、テレビ会議電話、ビデオディスク等々が現実化し普及しようとしている。これらをうまく活用すれば、市議会の議員と市民、あるいは都市当局と市民との密着した結びつきも、新しく考えられる。交通面では新交通システムが試みられ、超高速リニア・モーターカーの実験も進んでいる。

これら通信・交通の進歩がみられると、都市と農村のあり方、都市における企業活動(すでにオフィス・オートメ化が進む)や通勤の形から教育のあり方まで大きく変ってくる。せっかくこうした技術の進歩があるとすれば、それが市民生活を豊かで幸福にするようにいかにこれを活用するか、その立場からの研究が重要である。

家族形態　戦後のわずかの期間で、都市における家族の世帯員数は大きく減り、核家族化が進んだ。都市を形成させる基礎としてのこの家族の形が、さらに今後どうなるか、第三章**1**、**2**で説いた通り婦人や高齢者・子供のあり方に即しながら研究する必要がある。またそうした新しい家族の形態なり問題なりに応じて、都市計画そして都市行政のあるべき方向を求めねばならない。

このほか、市民の余暇活用と成人教育、都市とエネルギー、都市における公害、とくに窒素酸化物や粉塵等の有害物質が微量かつ長期にわたり人体や生物に作用した際の影響（いま不気味に肺がんが急増している）、廃棄物、騒音その他の都市的ストレスの精神面への病理的影響等々、必要な研究はあげれば限りない。

要は先に紹介した関一の大阪商科大学（現大阪市立大学）設立に当っての言葉通りである――「大阪商科大学は学問の受売、卸売の場所ではない。大阪市を背景とした学問の創造がなければならない。此創造が学生、出身者、市民を通じて大阪の文化、経済、生活の真髄となって行く時に大学が市民生活の内に織込まれて設立の意義を全くするのである」（『大大阪』昭和二年五月）。

ここで期待されたような学問研究を、日本の都市全体にわたり推進させねばならない。

同じく関一は、第二章**5**でのべたごとく、そうした研究成果を実際にいかす人材の養成が必要であるとして、同大学に「市政科」を設けることとした。そして都市行政に働く有為の人材を数多く養成したが、不幸にして戦争中に廃止され、その後復活していない。現在各市には、職員のための研修の機関なり機会は多く用意されているが、こうした大学等における専門職員養成のための「市政科」に当たるものの復活をここで大いに考えたい(2)。

さらにこの点で参考になるのは、ニューヨーク市の中心で開かれている「都市行政専門家大学院」(3)である。ここでは、都市問題・都市政策、高齢者サービス事業、医療行政、雇用と技能訓練、市財政監査等、七つのコースに分れ、実際をみていると、大学の研究者のみでなく、市政の担当者が一時研修にここに集まり、一緒になって研究し、理論と実務の討論を活発に続けながらその水準を高める機会としている。案内書に、市民の立場に立つ市政担当者こそ、インフレの進行、オフィス・オートメ化の進行、市民要求の高まりと問題の深刻化にそなえ、常に研修を積まねばならないとしている。日本にも行政の専門研修機関としては自治大学校や東京都職員研修所、同特別区・市町村職員研修所をはじめ、地方自治体は各種研修所をもつ。しかし、こうした実務に加え、市民の立場から、研究者、市民、実務家が一緒になって問題を考え、政策を論じる方向は、今後きわめて重要となる。

（1） 東京市政調査会は、第二章末でも紹介したが、銀行王・安田善次郎の財政援助をも背景に大正一一年に設立され、池田宏、前田多門、岡実、田川大吉郎をはじめ専門調査員に多くの第一級の人材をそろえて活動を開始した。大正一四年五月に発刊された『都市問題』は、今日まで大きな貢献をとげている。

（2） 拙著『現代都市論』二章三節の四、参照。

（3） Graduate School of Management and Urban Professions で、これは New School for Social Research

の一部をなす。

5　海外の都市政策

発展過程で見る海外の都市

前節で都市研究の課題としていくつかの項目をあげたが、いま一つそこに大きくあげるべき項目、それは海外都市の動向である。海外都市、とくに先進国諸都市の成功・失敗の実例なり都市づくりの思想は、日本の都市政策にたいし、そのまま貴重な参考となる。同時に、日本がこれから世界に奉仕し発展するためには、戦後日本の都市がその発展過程で得た経験や技術を海外にまたあらためて伝える必要がある。前にものべた通り、国と国との外交というと、とかく格式ばり障害も多いが、都市と都市、市民と市民の交流は直接的で効果が大きい。ゴミ処理、上下水道……都市行政それぞれの分野の専門職員同士なら、世界中どこの都市へ行ってもたちまち互いに「百年の知己」となれる。今後の外交官にもこうした知識が必要である。

ただ海外の都市を研究する場合、どこまでも動的に歴史的発展の過程で見ないと混乱しよう。くりかえしふれてきたように、多くの先進国における都市はその歴史を通じ、市民を大事にし、それによって大きく発展してきた。しかし、その多くの都市は、戦後労働力を大量に旧植民地等発展途上国から入れ、単純あるいは困難な労働にあててきた。しかしその後の技術革新や経済不況のため、いま労働市場からそれらの労働者がいわゆる落ちこぼれとなり、貧困と社会病理現象の中心となってきている。またかつて栄えた大都市が、経済活動の中心から地域的に外れて、「縮小」したり「荒廃」したりする例も多く出ている。

当面のこうした縮小や荒廃現象を見て、これをその都市のすべてとしてはならない。かつての栄光・発展の跡をどこまでもわれわれは学ばねばならない。またもちろん当面の困難を克服しようとする努力も学ばねばなるまい。

海外都市で参考になるところ、学ぶべきところは、これまでも各所でふれてきたが、都市計画の違った手法なりその底に流れる考え方のいくつかの例を紹介しよう。

都市計画の新しい手法・目標

日本の都市づくりの前提として常にあるものは、土地をめぐって所有権の絶対性が尊重されることで、そこに生じた利益は所有者個人に属するのが当然とされてきた。しかしどこまでも都市全体を主とし、公共をよくすることで、各個人の財産や生活も真に生かす――各個人が小さく損することで都市全体として社会的に大きく儲ける――という考え方を海外の都市にみる。

ストックホルム　北欧の美しい水の都ストックホルムの都市計画上の強味は、なんといっても土地を豊富に市自身が所有していることである。一九〇四年以来、市自身が周辺の土地購入につとめ、その結果、同市人口一四〇万にたいし、市有地が約五〇〇平方キロメートルと、大阪市の二・五倍、神戸市の全面積に近い市有地を所有している、前世紀以前の中心地の旧市域商業地区をのぞき、周辺の主な地域（日本の大都市でいえば副都心、副々都心に当たる区域）の周辺はすべて市有地である。つまり市自身が、宅地造成、交通網整備にあたってきたのであり、いわゆる開発の利益を市が獲得し、それを市民に還元するようにしてきた。こうした開発が外に進むにつれ、そこを市域に編入して市は拡大を続けてきた。交通の主体たる通勤鉄道（地下鉄）は、市営であり（建設費の九五％は国費補助）、周辺の開発が進むとこの鉄道網がのび、また鉄道網をのばして沿線の開発を進め、ニュー・タウンを建設する。市自身が事業を進めるため、駅前に保育所・老人ホームが優先的につくられたり、歩行者用道路を優先させ、自動車道をむしろ下にくぐらせ、親たちがわが家の窓からよく見えるところに子供の遊び場をつくったり、いわゆる商業採算を離れた市民の立場からの都市計画が進められている（素晴らしいデザインと住み心地のニュー・タウンではあるが、雇用の場としての工場・オフィスはあまりそこになく、実質ベッド・タウンではないかという批判はありうる。しかしそこの住民にわが家から勤め先までの通勤時間を聞くと、大部分三〇分から多くて四五分であった）。

モスクワ　先に、モスクワは都市計画上、それぞれ機能の独立した八つの都市区域から成り、通勤交通も原則として各区域単位内で行なわれ、したがってラッシュ時の乗物は、両方向が共に同じように混んでいると述べた（六六頁）。筆者は、市当局者に案内され、賑かな繁華街の中心にあるデパートを訪れた。一〇階建て位の大建築だったが、その大勢の人で賑わうデパートも、一、二階止まりだった。三階以上はアパートで市民が居住している。同じく中心街の高層建築の立派なレストランも、上を見上げると居住者のアパートであった。もしこのアパート居住者の勤め先が同じ建物の階下のデパートなりレストランであれば、電車・バスにおける通勤混雑はそれだけ減るわけだ。こうなると通勤は水平でなく垂直になる（一つの超高層ビルに居住者用アパートとオフィス、学校、保育所、ショッピング・センター等々小都市の機能をまとめることは、技術的には簡単である——それが居住者にとってよい小都市となりうるか否かは別問題だが）。

階下がデパートで、上の方がアパートといった姿に驚く私に、モスクワ市当局の人から「なぜ東京はそうならないのか、技術的困難でもあるのか」と反対に不思議がられてしまった。社会体制が全く違うから——だけでは説明にならぬようだ。

パリ　フランスの、都市化が急速に進む区域では、公共機関が土地の先買権をもち、その投機的取引を強く牽制する形をもつ。さらに法定上限密度（**plafond légal de densité（PLD）**）という制度がある。個人が土地を購入し、その所有者になったとしても、一定の高度までしかその所有権は及ばず、それから上は公共の所有という考え方である。パリについていえば、敷地面積に対する建物の延床面積の比率は一・五（日本の都市式に表現すれば容積率一五〇％）ときめられている。したがって敷地面積三〇〇平方メートルを購入し、そこいっぱい二階建ての建物（床面積六〇〇平方メートル）をつくろうとすると、先の限度四五〇平方メートルを超過する部分、すなわち一五〇平方メートル分（先に購入した土地価格の半分となる）を公共団体にさらに支払わねばならぬことになる（パリ以外の都市ではこの比率は一・〇）。この制度は、『フランスの土地利用制度と運用の実態』（日本不動産研究所、昭和五六年二月）によれば、一九七五年末の土地政策の改革に関する法律によって設けられ、こうした形における容積率の切下げにより、地価を低下させること、土地所有者間の平等を実現すること、市町村に新たな財源を与えること等に大きな効果があるという。そしてこれと前記の先買権制度を結びつけ、都市中心部における地価の上昇を抑え、地方公共団体の土地取得を可能にして、オープン・スペースや緑を充実させるようにしている。

実際にパリの町を歩いても、日本の大都市で見るような中心部の空洞化現象が感じられず、そこでの夜間人口がよく維持されている。

経済の活性化

先に序章などで、欧米先進国の大都市の多くに経済活動の斜陽化現象が起っているとのべた。いわゆる情報化、ハイテクノロジー時代に入り、これまで自動車・鉄鋼・機械等の製造業中心で栄えてきた名門都市に立後れが表面化してきたのである。米国では特に東北部にそれが著しい。しかしそのなかにあってユニークな発展策を試みている都市がある。ボストンである。

ボストン　新しい時代の波を先取りしようとしてのりだした第一の点は、近くにある世界最高の頭脳集団（ハーバード大学、マサチューセッツ工科大学、ボストン大学等々）を利用し、周辺にコンピューター関連の精密情報産業の育成をはかることである。

第二に、こうして未来を先取りすることと反対に、過去の蓄積を最大限利用して、都市の文化価値を増そうとしていることである。ボストンは米国独立以前から歴史の中心であるとともに、ボストン美術館、ボストン交響楽団等々、文化と芸術の中心をもつ。これら歴史と文化の環境を重視し、美しい都市の魅力と価値を高めることに努めている。

第三に、中心部を再開発し、オフィス・ビルを整備しつつ、ここを金融・保険・不動産業、さらに行政の中心としての強化をはかっている。

第四に、国内・国外からビジネス、観光で大勢の客が誘致できるよう、ローガン空港を整備し、ヨーロッパあるいは西海岸都市との直結をはかり、また新しいホテルを多く建設した。

最後に、魅力ある下町の雰囲気を盛り上げヤングの町を現出させようと、東京の新宿あるいは大阪の道頓堀に当るようなクィンシー・マーケットをつくり、年間にディズニー・ランドに負けぬ来訪者(特に若者を多く)を得ている。

文化・歴史の伝統を尊重しながら二一世紀の新しい情報産業の先頭に立ち、かつ若者の活気を町にあふれさせようとするボストン市の各種の試みには、今後が期待される。

子供のための都市づくり

子供の視点から都市づくりを考えることが、明日の都市発展のカギをなす。その点で参考になるところをみよう。

ブダペスト　豊かに流れるドナウ川の両岸に静かにひろがるブダペスト市。緑も豊かで、大変美しく落着いている。しかし町を歩くと、その一角一角に大変な歴史の爪跡をみる。古代ローマの占領から、一三世紀の蒙古の侵入、一六、一七世紀におけるトルコ帝国の征服、ハプスブルグ帝国の支配、そしてごく最近の第二次大戦による大きな破壊……一つの都市に世界史の制覇のブルドーザーが何回も往復したようである。建物や橋の一つ一つが歴史を刻みこんでいる。

この人口約二一〇万の大都市の都市計画担当者が語ったのは、「最近はよくなりましたが、一九六〇年代を通じ、私たちが当市の都市計画事業で全力を尽くしたのは、子供の数をふやすことでした」。

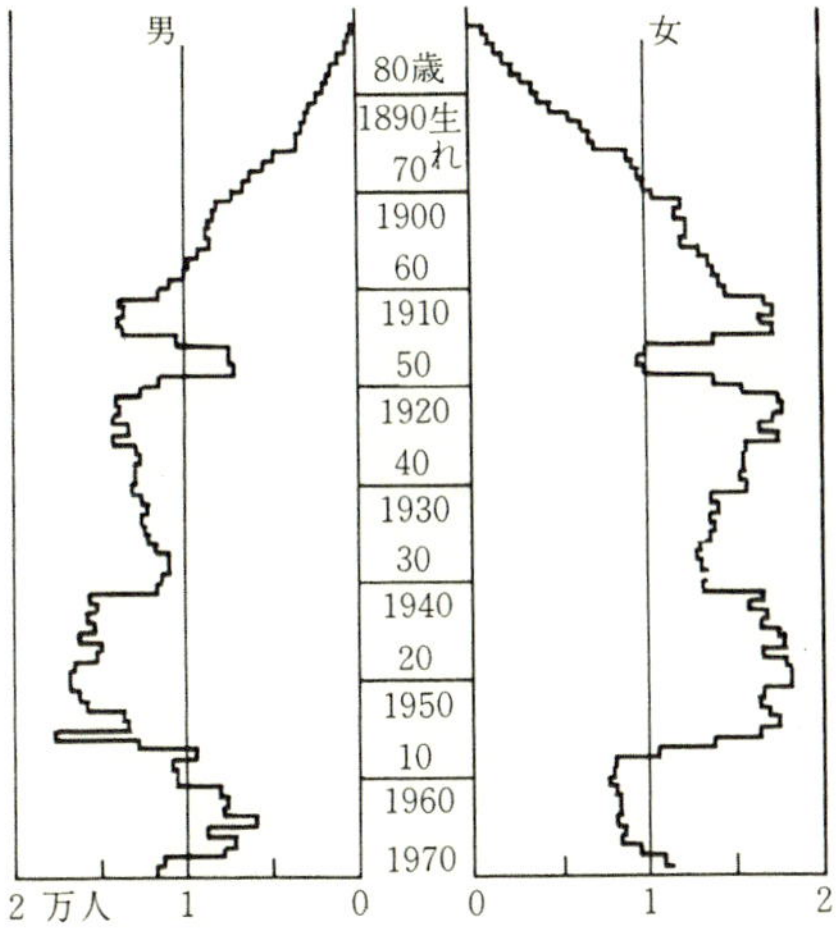

図4・3　ブダペスト市人口の年齢別構成
（1970年）
（『ブダペスト市部都市計画概要』1972年より）

意外さに驚いたが、説明を聞くと、第二次大戦後しばらくベビー・ブーム的な事態が続いたが、一九五〇年代に西欧の自由化の波がおしよせたため市内に住む多くの若い夫婦が生活水準の向上と楽しみを求めて子供を二人以上つくらなくなってしまった。その結果図4・3が示すような年齢別人口構成となってしまった（ハンガリー全国をみても、人口一〇〇〇当たり出生数が、一九五四年の二三をピークに、六二年には一三と下がる）。そこで市の住宅政策で子供の多い家庭の入居を優先させ、福祉もその方を手厚くし、子供を少しでも生みやすく、また健康に子供が育つことを都市計画の最大の目標とした。具体的には、新婚夫婦が四年間以内に子供を二人生むと誓約すると、市の住宅に入居できる。出産後も手当を十分与え、また育児が終った後の職場復帰を保証する。子供三人以上はさらに優遇する等である。こうして七〇年代に入り事態はようやく好転したという。もっとも、住宅過密地域はまだ残っている。「こうした例は恥かしく、外国の人には案内したくないが」といってそうした地域の小公園に連れて行かれた。金網で子供用・老人用と二つに区切られている。子供と老人が集まる時、子供が元気よく飛びまわったり球を投げたりして、老人にぶつかり、よく骨折事故を起こしたりするために二つに区切ったが、公園を広くさえつくれれば、こんなおかしなことをしなくてすむがとのことであった。

ウィーン　中心街のホテルの五階に一泊——翌朝、「気持の好い騒音に目を覚まされた」というと奇異な表現になるかもしれないが、実はその朝、素晴らしい鳥の群れの大合唱に驚かされたのである。ウィーンの公園、ウィーンの森、確かにそれはわれわれの想像を絶した規模である。大きな森林に都市の建物が包みこまれた感さえある。公園が野鳥の楽園となり何羽もの孔雀が放し飼いとなっていたこと、芸術・文化に貢献した市民の彫刻が、花に飾られながら点在していたこと等々とともに、その一角で私が驚いたことがある。小さな子供の遊び場があり、それ自体は日本のそれと同じである。ただしかし、その遊び道具の一つにあった自動車のタイヤが、新品だった。われわれの常識では、どうせ子供が遊ぶのだから、表面のスリ切れた廃タイヤかせいぜい疵物タイヤで十分役に立つし、予算も足りないことだから節約してしまえ、となり勝ちだ。それがここでは、わざわざ新品が置かれている。ちょっとしたことだが子供の遊びを大事にしようという気持のあらわれと受け取れた。こうしてシェーブルン宮殿丘から見下ろすウィーン市全体が一つの芸術品と見えた。

その他活力にあふれた東南アジアやアフリカの都市、生きる楽しみと元気を与えてくれる南米の都市……われわれ日本の都市にとり、その問題、発展段階に応じ、学ぶべきものは実に多い。

6　おわりに――明日の都市づくりをめざして

これまで、科学技術が発展し、物資が大量に生産されて国民総生産の額が増大すれば、それだけ日本人の生活は豊かになり、幸福は増すと一般に考えられてきた。そうして戦後焼野原となった瓦礫と飢えの都市の中で、人々はひたすら働き、現在のような都市を築きあげてきた。この間に地方農村から若年労働力の豊富な供給を受け、海外から進んだ技術・知識と石油、鉄鉱石をはじめあらゆる原料・資源の供給を受け、コンビナートや企業の本社機能を中心に、もっとも能率よい形の都市をつくりあげてきた。日本の都市は、その点まことによい都市であった。しかし市民の生活の場には、夜行寝台列車を集めて並べたような狭小過密の居住区ができ上り、長時間超満員の通勤がくりかえされ、イライラの続く形がひろがっている。せっかくここまで目ざましく発展した日本の都市も、このままの形で進むと、これまであったたくさんのプラス要因が次々とマイナス要因に変じ、都市に各種の社会病理現象が重なってこよう。これは、そのまま明日の日本経済が世界に発展できず衰退して行くことに通じる。

しかし幸い、日本の都市には、これまで築きあげてきた経済力、技術、そして有能でよく働く市民がいる。プラス要因がたくさんある。失業率・犯罪といったマイナス要因は、海外諸都市に比べ、まだきわめて低い。これらプラスの要因を動員してうまく結びつけ、それらを、日本のそれぞれの都市が個性をもちながらその生活の場を豊かにさせ、文化・芸術活動を盛んにさせる方向にむければ、活力にあふれた真によい都市づくりは十分明日に期待できる。これが、そのままた明日の世界にたいする日本経済の平和で歓迎される発展に通じる。

真によい都市とは、特定の人が中央で青写真をつくり、それを全国に流して画一的に上からつくりだすものではない。いかに立派な施設がならんでも、それは「自分たちの都市」ではない。それぞれの都市の市民が、地域・地方の実状にあわせ、自分たちで個性豊かにつくりあげるものである。財政・金融の資金運営、学問研究の対象も、これからは右のような市民の営みを助ける方向においてなされるべきである。

第一章末にのべたごとく、日本の多くの都市は、第二次大戦の戦災を受けて焼けたため、歴史がないとよくいう。しかし歴史とは、ただ年数を多く経たからつくられるものではない。石ころは、一〇〇〇年経っても石ころである。また生産工場の機械・施設は、古くなって能率が落ちれば捨てられるだけであり、そこに歴史はつくられない。市民の精神がどれだけ高まり、意義深く充実した生活を送り、文化・芸術の活動をしたか——その足跡が、都市の歴史である。五年、一〇年でも立派な歴史はつくれる。こうした歴史をどこまで持ち、市民がそれを誇りとすることができるか、それが明日の都市がどれだけ高い格式をもつか否かをきめる。

せっかく戦後の焼け野原から、これだけの短期間に、これだけの大きな経済発展を示し、技術水準を高めた日本の都市である。これからその市民たちが、自分たちの真によい都市づくりの道を歩み始め、前記のすぐれた諸要素がここにむけて結集されれば、明日に期待できぬはずがない。この道こそが、同時にそのまま日本経済の世界に向けての発展につながるのである。

あとがき

第二次大戦の戦災で、日本の多くの都市が廃墟と化した。しかしそれからわずか四〇年、焼け野原当時では想像もできなかった急速な発展を示した。特に大都市中心部には、世界に比類のないほど高層ビル、超高層ビルが多く立ちならび、内部はオフィス・オートメーション化の粋をこらしている。かつて豊かさのシンボルとされた電気製品やマイカーも、むしろ普及しすぎた感がある。都市がこれほど発展し、物質面はたいへん豊富になっているが、そこに住む市民は、それだけ豊かになり、幸福となっているのだろうか。実際は、かえって人間性を失っているのではないか。人間が都市をつくったはずなのに、これほど経済発展をした日本の都市では、子供は自動車に道路の遊び場を奪われ、サラリーマンは狭い住宅や通勤ラッシュに悩み、老人は駅の階段に溜息をついている。

「都市と人間」――あらためてこの問題を考えたいと思った。

この四月五日、六日、日本生命財団主催「二十一世紀の大都市像」シンポジウムに参加した韓国の孫禎睦教授が、「日本の都市研究者は、韓国、中国、イラン、イラク……どこの都市にも自由に行くことができて羨ましい。是非その恵まれた条件を利用して世界の都市を比較研究して発表するとともに、その目でまた日本の都市を見直して下さい」と私に語った。なるほどその通りだ。本書も、できるだけ世界の都市を見、そこから日本の都市の特質を画こうと試みた。

読者の方々が、広く新しい視野で「都市と人間」という問題を考えていただくために、本書が少しでもそのよすがとなれば幸いである。

本書は、去る一九八二年一〇月から半年間、NHK市民大学講座として、毎週木曜日に同教育テレビで放映した「都市と人間」をもとにまとめたものである。当時のディレクター戸崎賢二、奥村哲也の両氏をはじめNHK関係者に多くお世話となった。また日本生命財団は、先のシンポジウムで紹介したテーマ「二十一世紀の大都市像――その日本的あり方を求めて」の特別研究で多くの援助を下さり、その成果を本書に利用させていただいた。

さらに本書刊行に当り、東京大学出版会編集部の佐藤修氏の援助を大きく受けた。

以上をあわせ、ここに特に深い謝意を表したい。

一九八五年陽春　　中国の都市研究出発の前日に当り

柴田　徳衛

著者略歴

1924年　東京都に生れる．
1947年　東京大学経済学部卒業．
　　　　東京都立大学教授，東京都企画調整局長，東京都理事兼公害研究所長，東京経済大学教授をへて，
現　在　東京経済大学名誉教授，
　　　　東京都立大学都市研究所客員研究教授．

主要著書

「東京」（1959年，岩波書店）
「日本の清掃問題」（1961年，東京大学出版会）
「地方財政」（共著，1963年，有斐閣）
「世界の都市をめぐって」（1964年，岩波書店）
「現代都市政策」別巻（編著，1973年，岩波書店）
「現代都市論」第二版（1976年，東京大学出版会）
「日本の都市政策」新版（1981年，有斐閣）
「都市経済論」（編著，1985年，有斐閣）
Public Finance in Japan（編著，1986年，東京大学出版会）

都市と人間　　UP選書240

1985年6月25日　初　版
2000年6月5日　4　刷
［検印廃止］

著　者　柴《しば》田《た》徳《とく》衛《え》

発行所　財団法人　東京大学出版会

代表者　河野通方

113-8654東京都文京区本郷7-3-1 東大構内
電話 03-3811-8814・振替 00160-6-59964

印刷所　暁印刷
製本所　株式会社島崎製本

ISBN 4-13-002040-4　Printed in Japan

オンデマンド版はコダック社のDigiMasterシステムにより作製されています。これは乾式電子写真方式のデジタル印刷機を採用しており、品質の経年変化についての充分なデータはありません。そのため高湿下で強い圧力を加えた場合など、トナーの癒着・剥落・磨耗等の品質変化の可能性もあります。

都市と人間　UP選書240　(オンデマンド版)

2009年10月15日　発行

著　者　柴田徳衛
発行者　長谷川寿一
発行所　財団法人　東京大学出版会
〒113-8654
東京都文京区本郷7-3-1　東大構内
TEL03-3811-8814　FAX03-3812-6958
URL　http://www.utp.or.jp/
印刷・製本　大日本印刷株式会社
URL　http://www.dnp.co.jp/

ISBN978-4-13-009003-4
Printed in Japan